ÉTUDE CRITIQUE

SUR LES CONDITIONS DE CONSTITUTION EN GAGE

DES

CHOSES INCORPORELLES

EN MATIÈRE CIVILE ET COMMERCIALE

THÈSE POUR LE DOCTORAT

PRÉSENTÉE ET SOUTENUE

La 21 octobre 1897 à 8 heures et demie

Par Alexandre CERBAN

LAURÉAT DE LA FACULTÉ.

Président : M. LYON-CAEN.

Suffragants : { M. THALLER,
M. SALEILLES, } *professeurs.*

PARIS

HENRI JOUVE

IMPRIMEUR DES ÉCOLES

15, rue Racine, 15

1897

[illegible]

[illegible]

[illegible]

[illegible]

[illegible]

[illegible]

THÈSE

POUR

LE DOCTORAT

ÉTUDE CRITIQUE

SUR LES CONDITIONS DE CONSTITUTION EN GAGE

DES

CHOSES INCORPORELLES

EN MATIÈRE CIVILE ET COMMERCIALE

THÈSE POUR LE DOCTORAT

PRÉSENTÉE ET SOUTENUE

Le 27 octobre 1897 à 8 heures et demie

Par Alexandre CERBAN

LAURÉAT DE LA FACULTÉ.

Président : M. LYON-CAEN.

Suffragants : { M. THALLER, M. SALEILLES, } *professeurs.*

PARIS

HENRI JOUVE

IMPRIMEUR DES ÉCOLES

15, rue Racine, 15

1897

ÉTUDE CRITIQUE

SUR LES CONDITIONS DE CONSTITUTION EN GAGE

DES

CHOSES INCORPORELLES

EN MATIÈRE CIVILE ET COMMERCIALE

INTRODUCTION

Etant donnée la multiplicité de plus en plus grande des éléments qui composent la fortune mobilière (valeurs négociables sous leurs différentes formes, propriété industrielle, littéraire et artistique etc., etc). et l'importance croissante de celle-ci dans l'ensemble de la richesse publique, il nous a paru intéressant de voir comment les particuliers dans leurs relations juridiques, pourraient utiliser le mieux ces éléments variés, en vue de se procurer le crédit nécessaire pour accroître leur activité productrice. C'est pourquoi nous nous sommes proposés d'examiner dans ce travail les différents textes de lois qui concernent le crédit réel en matière mobilière (incorporelle) et les formalités qu'elles prescrivent dans ce but, de voir comment et dans quelle mesure ces formalités peuvent s'appliquer aux différentes valeurs mobilières, et enfin de nous demander s'il n'était pas désirable de supprimer ou remplacer quelques-unes de ces formalités par d'autres plus efficaces.

Nous allons commencer d'abord par donner quelques notions sur le crédit réel en général.

Le nantissement, dont le gage n'est que la variété la
plus importante au point de vue pratique, constitue, avec
les privilèges et hypothèques, la classe des sûretés dites
réelles par opposition au cautionnement et à la solidarité
qui sont les sûretés personnelles. Les deux classes de
sûretés se ressemblent en ce qu'elles comprennent l'une
et l'autre des contrats qui, quoique ayant chacun des conditions d'existence et de validité propres, n'ont pas leur
raison d'être en eux-mêmes mais se rattachent à un autre
dont ils sont destinés à garantir l'exécution. Ces deux
classes de sûretés diffèrent précisément dans la manière
dont elles atteignent leur but.

La sûreté personnelle augmente le nombre des débiteurs personnellement tenus sur tous leurs biens, le créancier peut poursuivre successivement chacun d'eux jusqu'au
paiement intégral de sa créance ; en revanche il est exposé
aux fluctuations du patrimoine de chacun de ses débiteurs
comme tout créancier chirographaire et à subir le concours des autres créanciers.

La sûreté réelle ajoute à l'obligation personnelle du
débiteur l'*obligatio* d'une *res*, comme disaient les Romains
dans un langage figuré. La valeur d'une chose est destinée à procurer, le cas échéant, au créancier la satisfaction qu'il ne peut pas obtenir de son débiteur. Sur cette
valeur, le créancier qui a obtenu la sûreté réelle est cer-

tain d'obtenir son paiement sans être obligé de subir le concours, soit des créanciers qui auraient obtenu, postérieurement à lui, des sûretés réelles sur la même chose, soit des créanciers chirographaires du débiteur; c'est ce qu'on exprime en disant que le créancier ayant une sûreté réelle a un droit de préférence.

Etant un droit réel, qui porte directement sur la chose, il est rationnel que la sûreté réelle subsiste aussi longtemps que la *chose* sur laquelle elle s'est imprimée, et que la *dette* dont elle est destinée à garantir l'exécution. D'où une seconde prérogative de la sûreté réelle qui la rend supérieure à la sûreté personnelle, *le droit de suite*. En vertu de ce droit, le créancier peut poursuivre la chose qui lui a été affectée en garantie, partout où il la trouve pour se payer sur sa valeur.

La sûreté réelle avec les deux caractères que nous lui avons attribués, a été réalisée chez les Romains dans le gage et l'hypothèque.

Sans se préoccuper aucunement de considérations de crédit public qui jouent un si grand rôle dans les législations modernes, les Romains ont admis l'hypothèque sans faire de distinction entre les meubles et les immeubles, dans les mêmes formes et avec les mêmes effets. Et en effet il n'y avait aucune raison de distinguer, étant donné que les Romains n'avaient pas introduit le principe de la publicité en matière hypothécaire. Et c'est précisément ce principe de la publicité qui a fait prévaloir dans la plupart des anciennes coutumes la maxime « meubles n'ont pas de suite par hypothèque », et qui a introduit ainsi cette distinction entre les meubles et les immeubles, qui a subsisté dans la législation française actuelle et se retrouve dans la plupart des législations modernes.

L'hypothèque ainsi restreinte aux immeubles a gardé les mêmes effets qu'en droit romain, mais a été soumise dans l'intérêt d'une bonne organisation du crédit public au principe de la publicité et de la spécialité.

Quant aux meubles, sauf une exception pour les navires (1), le même souci de publicité dans l'intérêt des tiers a conduit le législateur à n'admettre comme seul moyen de crédit réel que le gage dont les conditions de constitution feront l'objet de la présente étude. Nous allons donc examiner d'abord dans une première partie ce que c'est que le contrat de gage, quelles sont ses conditions d'existence et de validité, d'une manière générale, étant donné que ces conditions ne varient pas suivant la nature de l'objet sur lequel porte le droit de gage. Puis dans une seconde partie nous examinerons quelles sont les formalités prescrites par la loi pour l'efficacité du gage à l'égard des tiers, lorsque le gage porte sur une chose incorporelle et nous ferons, autant que possible, l'application de ces différentes formalités aux créances d'abord en tenant compte des formes variées qu'elles peuvent revêtir, et ensuite aux différents droits réels mobiliers.

Nous terminerons notre étude par une vue d'ensemble indiquant les imperfections de la loi actuelle et les réformes qu'il serait désirable d'accomplir.

---

1. Loi du 10 décembre 1874 et du 10 juillet 1885 sur l'hypothèque maritime.

PREMIERE PARTIE

A. — *Nature juridique du gage.*

D'après l'article 2072 du Code civil, le gage est le nantissement d'une chose mobilière et l'article 2071 nous dit que le nantissement est un contrat par lequel un débiteur remet une chose à son créancier pour sûreté de la dette.

Il résulte de la combinaison de ces deux articles que le contrat de gage présente les caractères suivants :

1° C'est un *contrat réel* ; en effet il suppose la remise d'une chose au créancier. Ce caractère n'est pas un signe distinctif du gage ; en effet le prêt à usage ou commodat (art. 1875 C. civil), le prêt de consommation (art. 1892 Code civil) et le dépôt (art. 1915 Code civil) forment avec le gage les quatre contrats dont le Droit romain disait qu'ils se formaient *re* (Institutes, l. 3, t. 14) et que nous appelons aujourd'hui *contrats réels*, précisément parce que, pour leur formation, il faut, outre l'élément *intention-nel*, la convention (qui suffit presque dans tous les contrats aujourd'hui) un élément matériel, la *res*, la remise d'une chose.

Mais si le gage, en droit français, est un contrat réel comme en droit romain, il y a une différence résultant de l'esprit formaliste du droit romain. En vertu de la maxime : *nuda pactio obligationem non parit*, la convention, dans laquelle il était dit qu'il sera remis un bien en nantissement au créancier, n'était pas obligatoire à moins qu'elle ne fût revêtue de la forme de la stipulation tandis qu'aujourd'hui le seul échange des consentements suffit. Cette convention, qui est une *promesse de nantissement*, est obligatoire et peut donner lieu, comme toute autre convention, à des dommages et intérêts en cas d'inexécution. La validité de cette convention ne fait pas de doute, en vertu du principe de l'article 1134 que les conventions légalement formées tiennent lieu de loi à ceux qui les ont faites. C'était d'ailleurs la solution de l'ancien droit comme nous l'indique Pothier (1).

Aujourd'hui la loi prévoit formellement la promesse de vente (art. 1589 C. civil) et il n'y a pas de raison à distinguer.

La promesse de gage était formellement prévue par le projet du Code civil allemand. Le second livre du projet relatif aux obligations contenait l'article 681 consacré à la convention du gage (Verpfändungsvertrag) tandis que le gage sous le nom de Pfandrecht formait l'objet d'une section à part du troisième livre qui traite des choses (Sachenrecht).

---

1. *Traité du contrat de nantissement*, n° 9.

Dans la rédaction définitive du Code civil allemand cet article a disparu, probablement jugé comme inutile, car il y a plusieurs articles, notamment l'article 314, qui supposent la validité de la promesse de gage.

Enfin le Code civil espagnol dans son article 1862 dit : La promesse de constituer un gage ou une hypothèque ne donne lieu qu'à une action personnelle entre les contractants (1).

2° Il résulte encore de la définition de l'article 2071 que le gage est un *contrat accessoire*, un contrat de garantie au même titre que le cautionnement et l'hypothèque, destiné à assurer l'exécution de l'obligation principale du débiteur. Etant un contrat accessoire, il ne saurait exister par lui-même comme la vente ou le louage, mais se réfère nécessairement à une autre convention préexistante ou contemporaine ; par conséquent la nullité, la rescision ou la résolution de l'obligation principale entraînerait celle du gage, *accessorium sequitur principale*.

Mais en sens inverse, puisque le gage a aussi des conditions d'existence et de validité propres, la nullité du gage n'entraînerait pas celle de l'obligation principale ; car le principal peut subsister sans l'accessoire.

C'est en considérant son caractère accessoire et en faisant une application de la maxime *accessorium sequitur principale* que l'article 91 du code de commerce déclare comme gage commercial le gage constitué soit par un commerçant, soit par un individu non commerçant, pour *un acte de commerce*.

1. Voir Lehr, *Droit civil espagnol*, tome II, n° 649.

D'ailleurs le gage peut être rattaché à *toute espèce d'o-
bligations*. Il importe peu qu'il s'agisse d'une dette d'argent ou d'une obligation de faire ou de ne pas faire. En
effet le mot *dette* qu'emploie l'article 2071 n'a pas le sens
limitatif de dette d'argent ; il est synonyme du mot « obligation » de l'article 2011 au titre du Cautionnement. Or au
titre des Obligations le code civil nous parle de l'obligation de donner et de l'obligation de faire ou de ne pas
faire. Seulement, dans ce dernier cas, pour satisfaire au
vœu de la loi qui exige pour la constitution du gage un
écrit contenant la déclaration de la somme due (article
2074) il faudra que l'obligation de faire ou ne pas faire
soit accompagnée d'une clause pénale et alors le gage
garantira précisément le paiement des dommages et intérêts stipulés dans la clause pénale. La jurisprudence est
en ce sens (1).

Il n'importe pas que l'obligation, dont le gage doit assurer l'exécution, soit pure et simple, à terme ou conditionnelle, seulement le gage sera affecté des mêmes modali-
tés que l'obligation principale, car c'est un contrat accessoire. Le gage peut garantir des obligations futures et
même éventuelles. L'exemple classique d'une obligation
éventuelle est l'ouverture de crédit par un banquier à un
de ses clients moyennant dépôt de titres en nantissement.
En effet, comme le dit la Cour de cassation dans un arrêt
du 29 novembre 1866 (2), l'article 2071 n'admet pas de
distinction entre les différentes espèces de dettes ; l'ex-

1. Voyez entre autres l'arrêt de cassation du 9 mai 1881 (Sirey 82,
1, 150).

2. Sirey, 67. 1, 189.

pression dette, employée dans cet article, est générale etc... Il est évident que le gage aura aussi le caractère éventuel. Sans doute le client peut ne jamais user de l'ouverture de crédit qui lui est faite, mais il n'en est pas moins vrai qu'il y a déjà un lien de droit car le banquier est tenu légalement envers le client dans les limites du crédit ouvert, et c'est à ce lien de droit que se rattache la convention de gage (1).

Le Code civil allemand, dans l'article 1204 alinéa 2, dit formellement que la créance garantie par le gage peut être future ou conditionnelle.

Nous avons vu jusqu'à présent que le gage est un contrat réel et accessoire. Ce sont les deux seuls caractères qui résultent de la définition légale.

3e caractère. Contrat indivisible. Comme l'hypothèque, le gage est *indivisible*. Solution reconnue déjà en droit romain et admise par Pothier (n° 3 du *Traité de nantissement*). Elle est consacrée dans notre droit par l'article 2083 du Code civil qui tire deux conséquences de l'indivisibilité.

Les auteurs discutent sur le point de savoir si le gage est un contrat *unilatéral* ou *synallagmatique imparfait*. Pothier dans l'ancien droit, MM. Troplong, Pont et Baudry-Lacantinerie, dans notre droit actuel, en font un contrat synallagmatique imparfait, car, dit-on, si pour le moment le créancier seul est obligé à restitution en vertu du contrat de gage, il est possible que le débiteur devienne aussi obligé, par suite de faits postérieurs au contrat, par exemple si le créancier gagiste fait des dépenses néces-

1. En ce sens Duranton. *Droit civil*, tome 18, n° 518.

saires pour la conservation de la chose donnée en gage.

. MM. Laurent et Guillouard au contraire soutiennent que le gage est un contrat unilatéral.

Cette controverse, à notre avis, ne présente pas d'intérêt pratique, car tout le monde est d'accord pour ne pas appliquer l'article 1325 du Code civil qui prescrit la formalité des doubles pour les actes sous seing privé qui contiennent des conventions synallagmatiques.

Au point de vue juridique, nous croyons que le gage de même que les autres contrats prétendus synallagmatiques imparfaits, sont plutôt des *contrats unilatéraux*. En effet d'après l'article 1102 du Code civil le contrat est synallagmatique lorsque les contractants *s'obligent réciproquement* les uns envers les autres. Il faut donc, pour qu'un contrat soit synallagmatique, qu'il engendre *immédiatement*, au moment même de la formation du contrat, des obligations réciproques.

Or, comme le dit fort bien M. Pont, l'un des partisans de l'opinion adverse, l'obligation de celui qui a constitué le gage, par exemple, naît *ex post facto* à la suite et par l'effet de circonstances purement fortuites ; elle n'est donc pas inhérente au contrat. Ainsi l'obligation de rembourser les dépenses faites pour la conservation de la chose, n'est pas la conséquence du lien contractuel, de la convention de gage, mais de ce principe d'équité que nul ne doit s'enrichir aux dépens d'autrui.

Dans notre droit, presque tous les contrats étant consensuels, l'écrit ne sert que comme moyen de preuve. Par exception, il y a quelques contrats dont fait partie le gage et pour lesquels la loi prescrit certaines formalités.

exigées à peine d'inefficacité du contrat à l'égard des tiers.
En effet l'article 2074 du Code civil dit que le privilège
résultant du gage n'a lieu qu'autant qu'il y a un acte public ou sous seing privé etc., et cela en matière excédant
la valeur de 150 francs, au moins lorsqu'il s'agit de choses corporelles d'après l'opinion admise. Donc cet écrit
exigé pour l'efficacité du gage à l'égard des tiers, pourra
servir aussi comme moyen de preuve, et devra être remis à celle des deux parties qui devient créancière en vertu
de la convention de gage ; or, c'est le débiteur ou le tiers
constituant du gage, qui devient créancier de la restitution, donc c'est lui qui doit avoir l'écrit.

En fait, le créancier gagiste réclamera aussi la remise
d'un double car il a intérêt à prouver l'existence du contrat pour exercer son privilège.

Mais entre les parties ou leurs héritiers ou même vis-
à-vis des tiers, en matière n'excédant pas la valeur de
150 francs (le gage portant sur une chose corporelle) les
formalités de l'article 2074 ne sont plus nécessaires pour
l'efficacité du gage, et alors, s'il y a un écrit dressé par
les parties constatant la convention de gage, cet écrit ne
servira que comme moyen de preuve.

Un cas assez pratique se rattache à notre question. Il
s'agit de savoir si on doit remplir les formalités de l'article 1325 Code civil ou celles de l'article 1326 lorsque le
même acte sous seing privé constate à la fois le prêt fait
par le créancier et la constitution du gage faite par le
débiteur. La Chambre civile de la Cour de cassation, dans
un arrêt du 8 mars 1887 (1), décide qu'il faut appliquer
l'article 1325.

1. Sirey, 1890, I, 257.

M. Lyon-Caen, dans la note insérée sous l'arrêt, défend d'une manière très ingénieuse la solution de la Cour de cassation. M. Lyon-Caen dit que le but de l'article 1325 paraît être de faire en sorte que les deux contractants ne soient pas dans une situation inégale, que chacun ait une preuve de son droit contre l'autre, donc que chaque partie ait un exemplaire de l'acte sous seings privés parce que chacune a l'autre pour créancière, ce qui a lieu dans notre cas. M. Lyon-Caen ajoute qu'il y a ici deux contrats qui, par leur juxtaposition, forment un seul tout, une convention indivisible, à laquelle se rattachent deux obligations nées en sens contraire, dont l'existence suffirait pour justifier l'application de l'article 1325 Code civil.

Quoique cette solution soit très rationnelle et malgré les très puissantes considérations invoquées en sa faveur, nous croyons qu'au point de vue strictement juridique, elle peut faire doute. En effet pour appliquer l'article 1325 il faut qu'il s'agisse d'un contrat synallagmatique ; or d'après l'article 1102 le contrat est synallagmatique, lorsque les contractants s'obligent réciproquement les uns envers les autres ; il s'agit donc d'un contrat qui engendré des obligations corrélatives et inséparables l'une de l'autre, qui sont cause l'une de l'autre, qui ne peuvent donc pas être crées par des actes séparés, car l'une ne peut exister sans l'autre.

Or, dans notre hypothèse, il y a une *réunion de deux obligations unilatérales*, isolées, qui pourraient être et qui sont souvent constatées par des actes séparés, car elles ont une existence juridique indépendante l'une de l'autre.

L'acte contient donc deux obligations unilatérales juxtaposées et non une convention synallagmatique.

D'ailleurs ne pourrait-on pas invoquer en faveur de cette solution l'article 2074 lui-même qui parle *d'un acte sous seing privé*, contenant la déclaration de la somme due, ainsi que l'espèce et la nature des choses remises en gage ?

En fait, les parties, pour éviter toute difficulté et avoir chacune la preuve de son droit, feront mieux de rédiger l'acte en double.

Le gage est un *contrat à titre onéreux*, car il est intéressé de part et d'autre, le créancier trouve dans le contrat la sûreté de sa créance ; pour le débiteur c'est un moyen de se procurer du crédit (1).

Résumant tout ce que nous avons dit, on peut donner la définition suivante du gage : un contrat réel, accessoire, indivisible, unilatéral, à titre onéreux, par lequel un créancier reçoit une chose mobilière, corporelle ou incorporelle pour sûreté de sa créance.

Maintenant que nous connaissons les caractères du gage, voyons quelles sont ses conditions d'existence, de validité et d'efficacité.

B. — *Conditions d'existence.*

D'après l'article 1108 qu'il faut corriger, il y a trois conditions essentielles pour l'existence d'une convention : le

---

1. Pothier : *Du nantissement*, n° 15.

consentement des parties, un objet et une cause licite.

D'après Pothier et MM. Aubry et Rau les conditions d'existence du contrat de gage sont : 1° le consentement des parties, 2° la remise de la chose mobilière au créancier ou à un tiers convenu entre les parties, 3° l'intention de lui assurer un droit de préférence. Dans le même sens MM. Baudry Lacantinerie et de Loynes (1).

Nous ne comprenons pas bien pourquoi tous ces auteurs considèrent comme *deux conditions essentielles, distinctes* le *consentement des parties* et *l'intention de procurer au créancier un droit de préférence.*

Est-ce que la volonté des parties dans le contrat de gage prendrait, pour ainsi dire, deux formes successives ; y aurait-il d'abord un accord de volontés, et puis l'intention commune de faire naître un droit de préférence ? N'est-il pas évident que le consentement des parties varie dans ses effets, suivant la nature du contrat qu'elles concluent, que, dans le contrat de prêt par exemple, la chose est donnée pour que l'autre partie en fasse un certain usage, dans le contrat de dépôt pour qu'elle la garde, etc... et dans le contrat de gage le consentement des parties a pour but de donner un droit de préférence au créancier.

Par conséquent, à notre avis, les trois conditions énumérées par les auteurs cités, se réduisent en réalité à deux : le consentement des parties et la remise de la chose.

La première condition de l'accord des volontés est commune à toutes les conventions.

Quant à la condition de la remise, elle est particulière

1. Tome 1 des privilèges et hypothèques page 11.

au contrat de gage, comme aux autres contrats réels (1).

Cette condition, si elle est essentielle au point de vue du droit positif et d'une bonne organisation du crédit public, au moins lorsqu'il s'agit de meubles corporels, ne l'est pas au point de vue rationnel. La preuve en est que dans le droit romain on admettait l'hypothèque des meubles, et que dans beaucoup de pays, pour favoriser le crédit agricole, on admet le gage sans déplacement des ustensiles aratoires, du bétail, etc.

L'article 1108, parmi les conditions essentielles, cite aussi la cause mais les auteurs ne la mentionnent pas à propos du gage. Cela peut s'expliquer car il s'agit ici d'un contrat réel, et l'obligation du créancier gagiste de restituer la chose engagée, après l'acquittement de sa créance, a pour cause la remise qui lui a été faite.

Enfin l'article 1108 Code civil exige comme condition essentielle à l'existence d'une convention un objet certain qui forme la matière de l'engagement. Il faut donc que la chose puisse être donnée en gage. A cet égard on peut dire *que tous les objets mobiliers corporels ou incorporels susceptibles d'être vendus ou cédés peuvent aussi être donnés en gage.* C'est ce qu'avait déjà décidé le droit romain : loi 9, § 1, Digeste livre XX titre I. *Quod emptionem venditionemque recipit, etiam pignerationem recipere potest.*

---

1. Cette condition est indiquée expressément dans l'article 1684 du Code civil espagnol : on ne peut donner en gage que des meubles qui sont dans le commerce et sont aussi susceptibles de possession. Voyez Lehr *Droit civil espagnol*, t. II, n° 646 et s.

Il faut, disons-nous, qu'il s'agisse d'un objet mobilier (1), l'article 2072 le dit expressément ; le nantissement d'une chose immobilière s'appelle antichrèse ; il faut, en second lieu, que le meuble soit susceptible d'être vendu ou cédé, c'est-à-dire, dans le commerce (art. 1128 Code civil). En effet, de la combinaison des articles 2073 et 2078 du Code civil il résulte que le créancier acquiert, par le contrat de gage, le droit de faire vendre la chose engagée à l'échéance de la dette si celle-ci n'est pas payée, pour exercer son privilège sur le prix. Par conséquent les choses hors du commerce ne peuvent pas faire l'objet d'un nantissement. Ainsi on ne pourrait pas valablement donner en gage un titre de pension sur l'État, par exemple, un titre de pension militaire. En effet, les pensions sur l'État sont incessibles et insaisissables et par conséquent hors du commerce.

Quant à la question de savoir si *les titres de rente* peuvent faire l'objet d'un nantissement, la controverse subsiste encore dans la doctrine et la jurisprudence elle-même n'est pas encore fixée. La discussion porte sur la portée qu'il faut attribuer à l'article 4 de la loi du 8 nivôse an VI et à l'article 7 de la loi du 22-28 floréal an VII. L'article 4 est ainsi conçu : *il ne sera plus reçu, à l'avenir, d'opposition sur le tiers conservé de la dette publique inscrite ou à inscrire. Celles faites sont maintenues ; mais le débiteur saisi pourra offrir de rembourser l'opposant à due concurrence avec le tiers conservé,*

---

1. La chose mobilière peut être corporelle ou incorporelle, l'article 2075 prévoit le gage des choses incorporelles.

et le créancier qui refuserait son remboursement peut y être contraint en justice, si mieux il n'aime donner main-levée de l'opposition.

L'article 7 de la loi de floréal an VII, pour couper court à certaines discussions qui s'étaient élevées sur le point de savoir si la loi de l'an VI interdisait l'opposition sur le remboursement ou l'aliénation de la rente et l'opposition sur les arrérages, nous dit : *il ne sera plus reçu à l'avenir d'opposition au paiement des arrérages dûs pour ventes ou pensions,* etc. De là sont nées deux interprétations opposées : dans un premier système on dit : puisque les deux textes précités constituent une dérogation au droit commun, il est conforme aux règles d'une sage interprétation de les renfermer dans leurs dispositions précises et de ne leur donner aucune extension. On conclut donc que les rentes sur l'État seraient, comme les autres biens, soumises au droit de gage des créanciers, et leur insaisissabilité signifierait seulement que les créanciers ne peuvent pas exercer ce droit de gage sous la forme d'une saisie-arrêt entre les mains des agents du trésor.

On décide en outre dans cette interprétation, que même en admettant l'insaisissabilité des rentes, il n'en résulte pas l'impossibilité pour le porteur d'un titre de rente de l'affecter en gage : en effet, dit-on, il y a une grande différence entre *l'exécution forcée* qu'un créancier voudrait exercer sur les biens de son débiteur, et le consentement donné *librement* et *volontairement* par ce dernier à ce que le créancier gagiste fasse valoir les droits qui résultent du gage à lui donné. Le créancier se trouve alors investi par un acte de volonté de son débiteur, du droit de faire procéder à la vente s'il n'est pas payé. En effet, les rentes ne sont pas hors du commerce ; on les vend tous les jours, donc on peut aussi les donner en gage, étant cessibles, elles sont susceptibles de gage.

Dans la seconde interprétation qui est la plus ancienne on entend le texte des lois de l'an VI et de l'an VII en ce sens que les rentes échappent au gage général des créanciers. C'est cette seconde interprétation qui a été récemment reprise et soutenue avec beaucoup de force par M. Glasson dans une note sous un arrêt de la Cour de cassation (1). Parmi les conséquences que M. Glasson tire de ce principe, il y a aussi celle-ci que les rentes ne peuvent pas être l'objet d'un nantissement. Voici les arguments invoqués : « Si les rentes sur l'Etat ne rentrent pas dans le gage général des créanciers, *à plus forte raison* ne peuvent-elles pas faire l'objet d'un gage spécial, à moins d'un texte formel de la loi. On décide sans difficulté, que les biens, en droit insaisissables, spécialement les pensions, ne peuvent pas être donnés en nantissement (Dalloz, 79, 2, 84). On ne voit pas pour quel motif il en serait autrement des rentes sur l'Etat. Le conseil d'Etat a décidé, le 6 août 1879, que l'insaisissabilité des rentes sur l'Etat s'oppose à ce que le ministre des finances autorise un créancier à faire opérer le transfert d'une rente appartenant à son débiteur, alors même que l'autorité judiciaire a reconnu que ce titre lui avait été remis en nantissement et l'a autorisé à en poursuivre la

1. Dalloz, 91, 1, 197.

vente. C'est ainsi que la loi du 28 avril 1816, article 97, faisant une exacte application du principe de l'insaisissabilité des rentes sur l'Etat, avait défendu aux fonctionnaires de fournir leur cautionnement en créances de cette nature. Mais cette prohibition était tellement gênante que, depuis cette époque, un grand nombre de lois ont été faites pour y déroger et ont autorisé certains comptables à fournir tout ou partie de leur cautionnement en rentes sur l'Etat. On est d'accord pour reconnaître que ces textes sont exceptionnels, que dans tous les cas où un comptable peut s'en prévaloir, il a le droit de fournir son cautionnement en rentes nominatives, que s'il ne peut pas invoquer une de ces lois, il ne saurait offrir des rentes sur l'Etat.

« Mais chose curieuse à constater, on s'est aussi appuyé sur ces textes, au risque de tomber dans une véritable contradiction pour soutenir que les rentes sur l'Etat peuvent être données en nantissement par un débiteur à son créancier.

« On a ajouté une seconde raison, encore plus défectueuse, en disant que l'insaisissabilité des rentes sur l'Etat n'étant pas d'ordre public, rien ne s'oppose à ce qu'on y renonce. Mais ce principe a été établi dans l'intérêt du crédit de l'Etat, à cause des inconvénients qui résultaient, pour le crédit public, des oppositions admises et des entraves perpétuelles qu'éprouvait la circulation de ces capitaux ; par conséquent ce principe est d'ordre public.

« Il est vrai que le titulaire d'une rente peut donner mandat à autrui de la vendre et on a soutenu que le contrat de gage contient précisément ce mandat. Est-ce bien exact ? On remarquera d'abord que, suivant le droit commun, le mandat de vente est essentiellement révocable. Admettra-t-on alors que le mandat donné au créancier gagiste ait ce caractère ? Evidemment non.

« Si le gage implique mandat, il faut aussi que ce mandat soit irrévocable. Mais alors cette convention n'est-elle pas précisément une clause de voie parée et si la loi a défendu de la stipuler à raison des immeubles saisissables (article 742 code de procédure), à plus forte raison doit-elle être impossible pour dés droits insaisissables. Aussi admet-on sans difficulté que le créancier gagiste d'une rente sur l'État n'a pas le droit de la vendre, pas plus qu'un autre créancier gagiste ne peut s'attribuer directement l'objet engagé ou le vendre à l'amiable (Code civil, art. 2078), et qu'il doit s'adresser à la justice pour obtenir l'autorisation de vendre ; le tribunal autorise alors cette vente et indique comment elle se fera. Toutes ces solutions ne sont-elles pas purement et simplement arbitraires ? Est-ce qu'en réalité le tribunal ne crée pas une saisie pour des biens insaisissables ? On dira sans doute que la vente doit se faire conformément à l'art. 2078 du Code civil. Mais il faut remarquer que cet article prévoit la mise en gage de biens qui sont saisissables. La vérité est que les tribunaux saisis de ces questions devraient même d'office, car il s'agit d'une loi d'ordre public, déclarer nul ce contrat de gage, par cela même qu'il porte sur un droit qui ne peut pas être donné en gage. Cela est tellement vrai que, dans le cas où le législateur a voulu permettre cette mise en gage, il a cru nécessaire de promulguer des lois spé-

ciales. Ne résulte-t-il pas de ces lois un *a contrario*
décisif pour défendre, dans les autres cas, le nantissement
des rentes sur l'État ? »

Nous avons reproduit *ad litteram*, pour ne pas les
affaiblir, les principaux arguments invoqués par M. Glasson
pour contester la possibilité d'un nantissement en rentes
sur l'Etat. Malgré l'importance des arguments, nous ne
croyons pas devoir adhérer à cette interprétation.

M. Glasson dit : puisque les rentes ne rentrent pas
dans le gage général des créanciers, *à plus forte raison* ne peuvent-elles pas faire l'objet d'un gage spécial.
Mais nous ne voyons pas d'où résulte cette espèce d'argument *a fortiori*. Au lieu d'établir un parallèle entre la sai-
sissabilité et le gage, ne faudrait-il pas plutôt rapprocher
le gage de la vente ? De même que dans la vente d'une
chose, on aliène un droit de propriété, est-ce que dans
le gage on n'aliène pas un droit réel ? Or M. Glasson lui-
même admet que les rentes sur l'Etat peuvent être aliénées par la vente ou autre contrat translatif de propriété ;
pourquoi ne pourraient-elles pas être aliénées partiellement par la mise en gage ?

Le débiteur, au moment de la constitution du gage, a
volontairement conféré au créancier, comme le dit l'article 2073 Code civil, le droit de se faire payer sur la chose,
objet du gage, par privilège et préférence aux autres créanciers. Lorsqu'à l'échéance de la dette, n'étant pas payé,
le créancier gagiste, se fait, conformément à l'article 2078,
autoriser en justice à vendre la chose engagée, il ne fait
que mettre en mouvement le droit qui lui a été conféré
par le débiteur, il agit en qualité de titulaire du droit

réel, et non de simple créancier chirographaire. On invoque un argument d'analogie en disant que les pensions sont insaisissables, et que tout le monde admet qu'elles ne peuvent non plus être données en nantissement. Mais cet argument ne me paraît pas juste : ce n'est pas parce qu'elles sont insaisissables que les pensions ne sont pas susceptibles d'être données en gage, mais parce qu'en même temps qu'insaisissables, elles sont incessibles, et par conséquent hors de commerce.

Nous ne croyons pas qu'on puisse dire que le contrat de gage contient un mandat de vendre donné par le titulaire de la rente au créancier gagiste. Il suffit de se référer à la définition du mandat donnée par l'article 1984 code civil : le mandat ou procuration est un acte par lequel une personne donne à une autre le pouvoir de faire quelque chose *pour le mandant et en son nom*. Or, en est-il ainsi dans notre cas ? Evidemment non. Ce n'est pas du tout dans l'intérêt du titulaire de la rente et en son nom, que le créancier gagiste agit en réalisant son gage, mais bien dans *son propre intérêt* pour se payer sur le prix devant provenir de la vente, et *en vertu du droit qui lui a été conféré* par le contrat de gage.

M. Glasson dit que le principe de l'insaisissabilité des rentes sur l'État a été établi dans l'intérêt du crédit de l'État, et que par conséquent il est d'ordre public.

Mais nous avons essayé d'établir, qu'on ne pouvait pas conclure de l'insaisissabilité d'une chose à l'impossibilité de la constituer en gage.

En outre, quant au principe de l'insaisissabilité établi par les lois précitées de l'an VI et de l'an VII, il faut, pour bien comprendre le sens et la portée de ces dispositions, remonter aux précédents. Or la loi du 24 août-13 septembre 1793 autorisait dans ses articles 185 et suivants, *deux sortes d'oppositions* entre les mains des agents du trésor, de la part des créanciers d'un porteur de titres de rente : les unes sur le remboursement ou l'aliénation de la propriété ; les autres sur le paiement annuel des arrérages. Les oppositions formées étaient valables pendant trois années ; à l'expiration de ce terme, elles étaient nulles et comme non avenues (article 191).

Dans certains cas, l'opposition servait à assurer l'effet des privilèges et hypothèques sur une inscription comme le démontre l'article 161 de la même loi du 24 août 1793 sous le paragraphe 42 intitulé : *des transferts et mutations :* A l'avenir, on pourra disposer de tous les objets compris dans le Grand Livre de la Dette publique, *comme des créances mobilières, sauf contre les seuls propriétaires actuels ou leur succession, l'exercice de toutes actions, emplois et recours* comme par le passé.

Et dans ce sens, un arrêt de la Cour de Paris du 25 novembre 1814 (1) a décidé qu'une créance hypothécaire sur un ancien office, a pu être conservée par des *oppositions,* sur l'inscription au Grand Livre, représentant en rentes la valeur de l'office liquidé.

A cette époque, les saisies furent nombreuses; la transmission des rentes entravée. En effet, les titres de rente étaient tous *nominatifs* à cette époque (car la forme au porteur a été introduite par l'ordonnance du 29 avril 1831),

1. Sirey, tome 4, 1812-1814, page 418, 2° partie.

l'Etat devait donc tenir compte des oppositions formées, autrement il encourait une responsabilité. Tout ceci avait pour résultat de compliquer la comptabilité du Trésor. D'un autre côté, la crise économique fut aggravée par la loi du 9 vendémiaire an 6, qui, en établissant le tiers consolidé, proclama la banqueroute de l'État.

C'est dans ces circonstances qu'intervinrent les lois du 8 nivôse au VI et 22 floréal an VII. Elles supprimèrent l'obstacle qui entravait la libre circulation des rentes sur l'Etat ; or cet obstacle, c'était l'opposition entre les mains des agents du Trésor que la loi du 24 août 1793 avait autorisée et réglementée.

Ce qui prouve bien que c'est là l'objet des lois précitées c'est le préambule de la loi du 22-28 floréal an VII qui donne le motif du privilège créé dans les termes suivants : « Il importait au crédit de l'Etat de faciliter les transferts de la dette publique, en les *dégageant des formalités* qui tendent à déprécier cette propriété ; et il était instant d'adopter ce qui était commandé par l'intérêt général, comme pour le plus grand avantage des rentiers.

On objecte les termes du rapport de M. Vernier sur la loi de l'an VI, au conseil des Anciens.

Mais le rapport n'est pas assez clair et aussi affirmatif pour qu'on puisse en tirer un argument irréfutable. « Les rentes, dit le rapporteur, sont meubles par leur nature ; elles n'étaient réputées immeubles que par la fiction et dans quelques coutumes seulement. Il convenait non seulement de les rendre à leur première nature, mais encore de priver les créanciers, pour l'avenir, de toute espèce de droit, saisie ou opposition soit sur le capital, soit sur les arrérages. Les créanciers n'auront pas à compter sur cette ressource, pour le paiement et la sûreté de leurs créances. » Nous voyons que, d'après le rapporteur, les *arrérages* sont insaisissables comme *le capital*. Or la loi du 28 floréal an VII a été nécessaire pour mettre un terme aux doutes soulevés à cet égard. Et cependant les termes du rapport sont très nets sur ce point.

Plus loin, le rapporteur dit : « en supprimant ces oppositions on donne en quelque sorte à ces capitaux, à ces sortes de créances (*alea realis*) la valeur et l'effet du numéraire en circulation dont il est si important d'augmenter la masse. »

Que veut-il dire au juste dans ce passage ? Est-ce que les créanciers ne peuvent pas saisir le numéraire qui est en possession de leur débiteur ? Evidemment oui. Alors il doit en être de même des titres de rentes, puisqu'on veut leur donner la valeur et l'effet du numéraire. Il y a, dans ce sens, une instruction du ministre des finances du premier mai 1819, en exécution de la loi du 14 avril 1819 qui a créé un registre auxilliaire du Grand Livre de la dette publique dans tous les chefs-lieux du département.

Il y est dit que : « d'après les dispositions de la loi, les inscriptions doivent être considérées comme l'écu, que le *créancier peut saisir* quand il le trouve dans la caisse de son débiteur en faillite, mais dont il ne peut arrêter la circulation, si ce débiteur infidèle le lui a frauduleusement soustrait » (article 31).

La pensée probable du rapporteur paraît être la suivante : les rentes étant redevenues *meubles*, l'article 161 de la loi du 24 août 1793 ne devait plus recevoir son application.

Il y a dans ce sens un arrêt de la Cour d'appel de Paris du 12 ventôse an XII, décidant que la loi du 8 nivôse au VI, qui a défendu toutes oppositions sur les inscriptions du tiers consolidé, a par cela seul supprimé sur les effets de cette nature, les privilèges et hypothèques réservés par l'article 161 de la loi du 24 avril 1793.

Si, comme nous l'avons vu, le rapport n'est pas aussi clair qu'on le prétend, en revanche le texte des lois de l'an VI et de l'an VII sont très précis. Or, il y a une règle d'interprétation certaine, c'est que lorsqu'une disposition de loi est formelle, c'est au texte de la loi qu'il faut s'en tenir. Eh bien, le texte de ces deux lois nous dit : il ne sera plus reçu d'opposition. Ces termes-là, dit très bien M. Labbé (1), ne sont pas la reconnaissance d'une insaisissabilité absolue ; ils n'équivalent pas à cette formule exagérée : les rentes sur l'Etat sont insaisissables. Tout ce qu'ils interdisent c'est l'opposition. Or ce mot *opposition* dans toutes les autres lois de l'époque, désigne exclusivement, comme l'a remarqué M. Rozier dans une récente étude sur l'insaisissabilité des rentes sur l'Etat, (page 64) *l'opposition entre les mains du Trésor* (Loi 24 août 1793, p. 185 et s. Loi du 21 messidor an VII ; loi du 22 Floréal an VII, art. 7 et 8.

Pourquoi donc dans la loi du 8 nivôse an VI ce mot prendrait-il un sens si différent ?

Nous concluons de tout ce que nous venons de dire

1. *Journal du Palais* 1859 page 545-551.

que les lois du 8 nivôse an VI et 22 floréal an VII, n'ont pas entendu frapper les rentes sur l'Etat d'une indisponibilité absolue, que dans leur texte précis et leur sens littéral, ils se bornent à interdire, dans l'intérêt du Trésor public et des règles de sa comptabilité les saisies-arrêts de ces rentes pratiquées entre les mains des agents du Trésor public.

Ce ne serait pas là, comme le remarque fort bien M. Ch. Lyon-Caen dans une dissertation sous deux arrêts de la Cour de cassation (1), le cas unique dans lequel le législateur a interdit l'opposition relativement à des créances qu'il n'a pourtant pas entendu soustraire au droit de gage général des articles 2092 et 2093 C c. L'opposition au paiement des lettres de change et des billets à ordre est en principe défendue (Code de commerce, article 149).

Cependant personne ne met en doute que ces effets de commerce soient compris dans le droit de gage général des créanciers du porteur, et que, notamment, ils puissent être constitués en gage, au moyen d'un endossement causé, « valeur en garantie » (article 91 Com.).

La jurisprudence de la Cour de cassation paraît se fixer dans notre sens. Il y a deux arrêts récents du 2 juillet et 16 juillet 1894 (2). L'arrêt du 2 juillet pose le principe de cette interprétation dans les termes suivants :

Attendu que l'application des lois spéciales doit être strictement renfermée dans les limites fixées par la

1. Sirey, 95, 1, 5.
2. Sirey, 95, t. 5, Dalloz, 96. II, 124 et 441.

teneur même de leurs dispositions ; attendu que du texte de l'article 4 de la loi du 8 nivôse an VI et de celui de la loi du 22 floréal an VII, il résulte que ces lois, en déclarant insaisissables les rentes sur l'Etat français, ont eu seulement pour objet d'interdire les saisies-arrêts de ces rentes pratiquées entre les mains du Trésor public, mais qu'elles n'empêchent pas les créanciers, conformément au principe fondamental écrit dans les articles 2092 et 2093 C. civil de se faire attribuer par la justice la rente sur l'Etat que leur débiteur est appelé à recueillir dans une succession, du moment que le transfert ne nécessite aucune saisie préalable.

Le tribunal civil de la Seine 1re Chambre, a développé les considérants de la Cour de cassation, dans un jugement très fortement motivé du 27 novembre 1896 (1).

Il y est dit notamment que les lois de l'an VI et de l'an VII n'ont pas proclamé d'une manière absolue l'insaisissabilité des rentes sur l'Etat et se sont bornés à prohiber, pour l'avenir, les oppositions qui avaient été autorisées par la loi du 24 août 1793, c'est-à-dire celles qui étaient pratiquées aux mains du Trésor public et que la loi du 21 messidor an V avait déclarées non recevables après que les transferts auraient été visés par le conservateur établi près de la Trésorerie nationale ; que les lois postérieures (lois du 11 juin 1878, 27 août 1883 et 17 janvier 1894) se bornant à dire que les rentes sont insaisissables conformément aux dispositions des lois du 8 nivôse an VI et 22 floréal an VII n'ont pas entendu innover en cette matière.

1. Dalloz, 97, ii, 17.

Contrairement aux deux arrêts de la Cour de cassation et au jugement du tribunal civil de la Seine, le même tribunal de la Seine, dans deux jugements du 23 et 30 janvier 1896 (1), a décidé que le législateur, en déclarant qu'il ne sera plus reçu à l'avenir d'opposition au paiement des arrérages des rentes, à l'exception de celle qui serait formée par le propriétaire de l'inscription, le législateur a entendu organiser l'insaisissabilité des rentes sur l'Etat et les soustraire à l'exercice du droit de gage général que les créanciers possèdent sur les biens du débiteur.

Le jugement du 30 janvier veut faire une distinction entre les titres de rente nominatifs et les titres au porteur. Les premiers, dont toute mutation de propriété n'est possible que par l'effet d'un transfert, ne pourraient *être saisis;* les seconds seraient *saisissables*, au contraire, parce qu'ils se confondent en quelque sorte avec le droit dont ils sont la représentation et que la propriété en peut passer à un tiers, au moyen de la simple remise du titre. Cette distinction n'est pas rationnelle ; car on ne voit pas en quoi le mode de transmission d'un titre peut le rendre saisissable ou non. Si les rentes sur l'Etat sont insaisissables, ce caractère leur appartient quelle que soit la forme sous laquelle elles ont été émises. Nous croyons que le jugement a été amené à faire cette distinction, par suite de la circonstance qu'au début toutes les inscriptions de rentes sur l'Etat étaient nominatives. Mais il oublie que depuis la création des titres de rente au porteur les lois de finances appliquent sans distinction le prin-

1. Dalloz, 97, II, 17.

cipe de la loi de l'an VI et de l'an VII à tous les titres de rente.

Parmi les choses susceptibles d'être données en gage, on peut citer encore la concession administrative d'un marché de travaux publics. C'est ce qui a été décidé par un jugement du tribunal civil de la Seine du 14 avril 1886 (1). Attendu, dit le jugement, que si la concession administrative d'un marché ne peut former directement l'objet d'un nantissement, à cause de l'agrément facultatif du concessionnaire par l'administration, du moins les avantages et bénéfices résultant de l'exploitation de la concession restent susceptibles d'être cédés ou donnés en gage.

Les offices peuvent-ils être donnés en gage ? Tous les auteurs qui ont traité spécialement la question répondent sans hésiter : non. Cependant, nous avons des doutes, et c'est pourquoi nous croyons utile d'examiner la question de plus près. Dans le droit romain, on connaissait le gage des offices. Dans l'empire romain, il y avait des fonctions importantes comme celle d'huissiers impériaux (*silentiari sacri palatii*) et les fonctions de la chancellerie (*adjutores sacri palatii*). (*Novelle* 35 et loi 15 Code, *de proximis* 12, 19) dont les titulaires avaient le droit de disposer, par exemple : de vendre son office ; le prix était quelquefois fixé par décret impérial, et l'acheteur n'était investi de la fonction que s'il avait les aptitudes requises. De la possibilité d'aliéner on conclut à celle de pouvoir les donner en gage, ainsi que le prouvent les tex-

1. *Pandectes françaises*, 87, II, 13.

tes suivants : *Novelle* chap. 5 pr., *Novelle* 136 chap. 2 et loi 27. Code de *pignoribus* l. 8 t. 14 *ut liceat creditoribus jure hypothecæ vindicare militias* (1).

Dans l'ancien droit français, on admettait aussi là possibilité de la mise en gage, comme il résulte du passage suivant du « Traité des offices » de Loyseau, l. 4, chap. 6 n° 36 et 37. « Ainsi ay-je veu pratiquer cette même in-« vention de *nantir* le créancier de la procuration en « blanc pour résigner l'office, quand on le veut engager « par nantissement ou gage conventionnel : moyen qui « sans difficulté est licite, tout ainsi qu'il est permis de « nantir son créancier d'une obligation qu'on a sur un « tiers. Et telle procuration pour résigner ne peut « plus par après estre révoquée, principalement quand « elle est baillée en vertu de la convention apposée en « un contrat. Il ne faut toutefois que celuy qui est nanti « de cette procuration s'endorme ; car tandis qu'il garde « la clef de l'office, l'officier en garde la serrure. Et est « sans doute, que nonobstant qu'un tiers soit nanti de l'o-« bligation engagée, néanmoins celuy au nom duquel elle « est faite, en peut recevoir les deniers ; et mesme avant la « la signification du transport ou engagement, il peut trans-« porter la dette à un autre. Aussi si le créancier nanti de « la procuration pour résigner l'office ne forme encore « arrest ès mains de M. le chancelier, l'officier peut tou-« jours résigner à un autre et le faire valablement pour-« voir. »

Et Loyseau conclut en disant : « hors ce seul cas, il

1. Voir pour plus de détails : Dernburg, *Pfandrecht*, t. I. p. 422 et s.

n'est pas possible au créancier de faire vendre l'office de judicature de son débiteur ».

De nos jours, la vénalité n'a pas dans les offices ministériels les caractères qu'elle avait sous l'ancien régime. Il faut distinguer, à cet égard, entre l'office et la finance. Les offices mêmes ne sont point une propriété et ne constituent pas un élément du patrimoine des titulaires ; ce qui est dans leur patrimoine, c'est la valeur pécuniaire du *droit de transmission*, droit que le titulaire ou ses héritiers sont autorisés à exercer par voie de présentation d'un successeur. C'est cette valeur qui seule peut faire l'objet d'une convention intéressée (1).

Or ce droit de présentation ayant une valeur pécuniaire pourquoi ne pourrait-il pas faire l'objet d'un gage, puisqu'il peut être l'objet d'une vente ? Pour nier la possibilité d'une mise en gage M. Durand dit au n° 258 p. 285 *op. cit* : « Le gage porterait évidemment sur le droit de présentation, puisque c'est sur ce droit seulement que peuvent intervenir les conventions des parties. Or la faculté de présenter un successeur est *essentiellement inhérente à la personne du titulaire*. Il en use quand il veut et comme il veut. Les créanciers gagistes n'auraient donc qu'un droit imparfait : ils seraient notamment privés du droit de suite, » (nous ne comprenons pas bien ce que veut dire l'auteur par ces derniers mots, puisque le gage dans notre droit, comme nous le verrons, suppose la possession).

En admettant même, ce qui d'ailleurs n'est pas démontré, que le droit de présentation soit un droit essentielle-

---

1. Aubry et Rau, t. III, p. 153. Durand « *Des offices* », n° 244, p. 268.

lement personnel, pourquoi n'admettrait-on pas que la mise en gage implique pour le titulaire de l'office l'obligation de donner sa démission et de présenter un successeur ?

Mais allons plus loin et admettons, comme le veut M. Durand, que « ce serait blesser toutes les convenances et porter à la dignité des fonctions une atteinte irréparable, que de priver un officier de son titre au gré des rancunes de l'intérêt privé, » tous les auteurs sont cependant d'accord pour admettre qu'un cas de *cession d'un office*, le cédant a un privilège qui porte sur la valeur pécuniaire du droit de présentation. Sans doute, on admet qu'étant donnée la nature particulière des offices, l'ancien titulaire ne pourrait pas demander comme un vendeur ordinaire la résolution de la vente en cas de non paiement ou de saisir et faire vendre l'office pour exercer son privilège sur le prix. Il sera obligé d'attendre que le nouveau titulaire fasse une cession volontaire de l'office et c'est sur le prix qu'il sera admis à faire valoir ses droits. Eh ! bien, je ne vois pas pour quelle raison un créancier ne pourrait pas exercer *le privilège résultant de son droit de gage* dans les mêmes conditions que le cédant de l'office non payé exerce *son privilège de vendeur?*

Un auteur, M. Perriquet, dans son *Traité des offices ministériels*, a fait une objection d'un autre ordre, en disant que la mise en gage d'un office (c'est-à-dire droit de présentation) ne saurait se plier aux formalités exigées par le code civil pour la constitution du gage. Nous en parlerons au siège de la matière.

Quant à la jurisprudence, nous ne croyons pas que la

Cour de cassation ait eu l'occasion de se prononcer sur la
question. Mais un jugement du tribunal de Cambrai, confirmé par un arrêt de la cour de Douai du 20 janvier 1838,
a annulé la convention par laquelle le titulaire d'un office,
dans l'espèce un huissier, cédait sa charge à un de ses
créanciers pour sûreté de sa créance, en s'obligeant à
donner sa démission en faveur du candidat qu'il lui dési-
gnera, une telle convention étant nulle comme contraire à
l'ordre public. « Considérant, dit le tribunal, que la vénalité des charges, abolie par la loi de 6 otobre 1791, n'a
pas été rétablie par la loi du 28 avril 1816 ; que la seule
concession accordée aux titulaires a été de présenter un
successeur à l'agrément du roi ; que sans doute, ils peuvent tirer finance de leur présentation et doivent en subir
l'effet ; que hors de ce cas, les offices n'étant pas dans le
commerce, ne peuvent être l'objet d'un traité ou d'une
convention ».

Pour nous résumer, nous dirons que les conditions essentielles du contrat de gage sont : le consentement des
parties, un objet mobilier qui soit dans le commerce, la
remise de cet objet au créancier gagiste (la cause se confond avec la remise).

En l'absence de l'une de ces conditions, il n'y a point
de gage. Il y a, comme on dit en doctrine, nullité absolue, qui peut être invoquée par toute personne ayant intérêt ; elle ne peut être couverte ni par la ratification, ni
par la prescription.

C. — *Conditions de validité.*

Elles se réfèrent aux personnes qui figurent au contrat de gage. Comme tout autre contrat, le gage exige ce que l'article 1108 Code civil appelle la *capacité de contracter.* En effet, d'une part, le créancier en recevant le gage s'oblige à le restituer si le débiteur satisfait à son obligation (article 2082 C. civil). En outre comme il résulte de l'article 2080 C. civil, qui renvoie au droit commun des obligations (art. 1137 et s.), le créancier gagiste est obligé de veiller à la garde de la chose et il répond de la perte ou détérioration du gage qui serait survenue par sa négligence.

D'un autre côté, pour le débiteur ou le tiers, la constitution de gage, implique une aliénation, car il y a *constitution d'un droit réel* sur le meuble donné en gage, qui confère au créancier la faculté de faire vendre la chose à l'échéance de la dette, s'il n'est pas payé. Il faut donc pour la constitution de gage, comme pour l'hypothèque conventionnelle, avoir la capacité d'aliéner (article 2124 C. civil). En un mot la constitution de gage implique la qualité de propriétaire chez le constituant du gage (article 2079 et article 2129 C. civil), et l'aptitude légale de conférer un tel droit. Nous traiterons successivement de ces deux conditions.

I. — Nous disons d'abord qu'en principe un *contrat de gage n'est valable que si le constituant est propriétaire de la chose engagée ou son mandataire.*

Pour savoir quelle est la situation juridique dans le cas où le gage est constitué sur la chose d'autrui, il faut l'envisager à un double point de vue, car il résulte un double rapport des trois personnes intéressées, le *propriétaire de la chose*, le *créancier gagiste*, le *débiteur* que nous supposerons pour plus de simplicité, comme nous l'avons toujours fait jusqu'ici, le constituant du gage. Ce double rapport existe d'un *côté* entre le propriétaire de la chose engagée et le créancier gagiste, *d'un autre côté* entre ce dernier et le débiteur :

a). — Et d'abord vis-à-vis du propriétaire de la chose engagée, le contrat de gage consenti par un tiers qui n'est pas son mandataire, ne peut porter en principe aucune atteinte à son droit, car le contrat de gage intervenu est pour lui *res inter alios acta;* il invoquera l'article 1165 C. civil, aux termes duquel les conventions n'ont d'effet qu'entre les parties contractantes et ne nuisent point au tiers.

Toutefois ce principe reçoit une exception notable par suite de la règle de l'article 2279 : en *fait de meubles, la possession vaut titre.* Quelle que soit l'explication théorique qu'on donne de cet article, « qu'on le considère comme une présomption de propriété, à l'aide de laquelle le possesseur peut repousser toute action en revendication, et qui est en général absolue et irréfragable » comme le veulent MM. Aubry et Rau (t. II, p. 108), ou bien qu'on dise avec MM. Marcadé, Demolombe et Baudry-Lacantinerie, que l'article 2279 serait une règle de prescription, que la simple possession opérerait ici une prescription acquisitive instantanée, ou bien qu'on adopte l'opinion qui paraît prévaloir et qui voit dans l'article 2279 un mode légal d'acquisition, tous les auteurs, malgré la doctrine contraire de Pothier (1) sont d'accord pour donner à l'article 2279 une portée générale et l'appliquer non seulement au possesseur qui détient un objet mobilier à titre de propriétaire, mais aussi au créancier gagiste qui a acquis un droit réel sur le meuble à lui remis.

M. Berlier s'est exprimé en termes formels sur ce point dans l'exposé des motifs au Corps législatif (Fenet, t. 15 p. 210. Locré, t. 16 p. 30).

En effet, au *point de vue rationnel*, il n'y a pas raison de distinguer entre un acquéreur et un créancier gagiste. Sans doute ce dernier détient la chose engagée pour le compte du débiteur (art. 2079, C. civil), mais il a aussi la possession en son nom personnel, en ce sens qu'il entend faire valoir un droit réel propre de gage, qu'il a cru de bonne foi acquérir par un contrat régulier en la forme. Dans ces circonstances, il n'est pas moins digne de protection que s'il était acheteur (2).

Au *point de vue des textes,* nous croyons qu'on peut invoquer un argument *a fortiori* résultant de la combinaison des articles 2102, n° 1 et 2102, n° 4, alinéa 3, qui permettent au bailleur d'exercer son privilège, *fondé sur l'idée de gage tacite,* sur le prix de tout ce qui garnit la maison louée ou la ferme à moins qu'il ne soit prouvé que le propriétaire avait connaissance que les meubles et

1. *Nantissement,* n° 27.

2. Voir, dans ce sens, notamment MM. Lyon-Caen et Renault : *Traité de droit commercial,* t. 2 n° 289 et s.

autres objets garnissant sa maison ou sa ferme n'appar-
tenaient pas au locataire.

L'argument est facile à saisir ; si le bailleur, dont le
privilège n'est fondé que sur une *constitution tacite* de
gage, peut l'exercer, pourvu qu'il soit de bonne foi, même
sur des meubles qui n'appartiennent pas au locataire, à
plus forte raison, croyons-nous, celui, au profit de qui a
eu lieu une *constitution expresse de gage*, s'il est de
bonne foi, peut exercer son privilège, sur la chose engagée, même si elle n'appartient pas au constituant.

Le Code fédéral suisse des Obligations dans son article 213, prévoit expressément le cas de la mise en gage de
la chose d'autrui. Il est ainsi conçu : *lorsque des meubles
corporels ou des titres au porteur ont été constitués en
gage par une personne qui n'avait pas le droit d'en disposer à cet effet, le créancier gagiste de bonne foi n'en
acquiert pas moins un droit sur la chose, sauf les dispositions de l'article* 206 (correspondant à l'article 2279
du Code civil français, pour les cas de vol ou perte).

De même le *Code civil allemand* prévoit, dans son article 1207, le gage de la chose d'autrui et il renvoie à l'application des articles 932, 934, 935 qui règlent l'acquisition de la propriété de la chose (mobilière) d'autrui ; or
ces derniers articles correspondent à peu près à l'article
2279 du Code civil français.

En droit français, les conditions d'application de l'article
2279 sont les mêmes, qu'il s'agisse d'une possession à titre de propriétaire, ou d'une possession à titre de gage.

Il faut donc, en ce qui concerne *les choses* auxquelles
peut s'appliquer l'article 2279, qu'il *s'agisse de meubles*

corporels, individuellement envisagés, ou de titres au porteur, où la créance est incorporée au titre.

Il faut que la chose ne *soit pas volée ou perdue*, ce qui résulte de l'alinéa 2 de l'article 2279 ; la revendication du propriétaire est admise pendant trois ans. La jurisprudence, pour interpréter le mot vol, s'en tient rigoureusement à la définition donnée par la loi pénale ; de sorte que l'alinéa 2 cesserait de s'appliquer et la règle reprendrait son empire pour exclure la revendication, si le propriétaire se trouvait privé de sa chose par un délit autre que le vol, spécialement par une escroquerie ou abus de confiance (1).

En second lieu, *quant aux personnes* qui sont protégées par l'article 2279, il faut, par exemple que le créancier qui a reçu en gage la chose d'autrui, *soit de bonne foi*, qu'il ait cru que le constituant était propriétaire. C'est à cela que font allusion, à notre avis, les mots « hors le cas de fraude » de l'exposé des motifs de M. Berlier. La bonne foi est exigée par l'article 2102 n° 4, alinéa 3, que nous avons cité plus haut, pour l'exercice du privilège du bailleur, et par l'article 1141 de celui qui acquiert une chose mobilière n'appartenant plus au vendeur.

L'article 2279 ne fait obstacle qu'à la revendication, ce qui résulte de l'exception contenue dans le second alinéa qui admet la revendication. Il suit de là que les personnes qui sont tenues d'une *obligation personnelle de restitution* ne peuvent pas invoquer l'art. 2279. Ainsi dans l'ali-

____

1. Voir pour plus de détails, MM. Lyon-Caen et Renault. Traité t. 3 n° 291, p. 222.

néa 2 de l'art. 2279, qui admet la revendication pendant trois ans en cas de perte ou de vol, il ne s'agit pas du voleur ou de celui qui a trouvé la chose, car pour eux il y a obligation personnelle de restituer pendant 30 ans, il ne s'agit pas non plus de celui qui a acquis de mauvaise foi, la chose du voleur ou de l'inventeur, car l'article 2279 ne protège que le possesseur de bonne foi. Mais s'il faut que le créancier gagiste, par exemple, soit de bonne foi, pour pouvoir invoquer l'article 2279, en revanche il importe peu que le débiteur qui a constitué le gage, ait connu ou qu'il ait ignoré le vice de sa possession.

Enfin comme dernière condition d'application de l'article 2279, il faut que le gage *ait été régulièrement constitué* que les formalités prescrites par les articles 2074 et 2075 C. civil aient été remplies. Ce à quoi font allusion, à notre avis, les mots : le *créancier légalement saisi* d'un gage, de l'Exposé de motifs de Berlier cité plus haut.

En effet l'article 2279 exige que celui qui l'invoque soit possesseur ; or il n'y a possession que si la détention réunit certaines conditions, et la jurisprudence, très juridiquement, étend à la possession de l'article 2279, les conditions prescrites par l'article 2229, pour la prescription des immeubles. Par conséquent si la détention est précaire, équivoque, ou clandestine, il n'y a pas possession et par conséquent l'article 2279 ne peut pas être invoqué.

Or, lorsqu'il s'agit d'un *gage civil*, les formalités prescrites par les articles 2074 et 2075 Code civil doivent être remplies pour que le gage soit opposable aux tiers. Autrement le créancier gagiste n'a pu acquérir, à leur égard,

un droit propre et efficace, il n'est qu'un *possesseur précaire* l'ayant-cause du débiteur qui lui a constitué le
gage, n'ayant pas plus de droits que lui, et exposé par
conséquent comme lui, à la revendication du véritable
propriétaire.

C'est en ce sens que s'est prononcé un arrêt de la Cour
de Cassation disant qu'un « nantissement irrégulier ne
peut conférer au créancier qu'une possession précaire,
inefficace pour équivaloir à un titre » (1).

Cela n'a pas d'application au *gage commercial* portant
sur des choses corporelles ou des titres au porteur par
cela même que, pour ce gage, aucune formalité spéciale
n'est requise d'après l'article 91 C. com.(2)

Nous avons vu que l'alinéa 2 de l'article 2279, admet
la revendication pendant trois ans lorsqu'il s'agit de choses
mobilières volées ou perdues. La loi du 15 juin 1872, a
modifié cette partie de l'article en ce qui concerne les
titres au porteur, en ce sens, que quand il s'agit de titres
au porteur il peut se faire que la revendication soit admise
contre le créancier gagiste, même quand le propriétaire
a été dépossédé pour une cause autre que la perte ou
le vol ou même après trois ans, pourvu que le propriétaire
ait eu soin de former l'opposition prescrite par la loi de
1872, et que la constitution en gage, soit postérieure au
jour où le bulletin des oppositions est parvenu ou aurait
pu parvenir par la voie de la poste dans le lieu où cette

1. Sirey 88, I, 265, Dalloz, 88, I, 253.
2. MM. Lyon-Caen et Renault, t. 3, n° 289.

constitution a été faite (art. 12 de la loi de 1872 (1).

Nous avons dit que la doctrine admet l'application de l'article 2279, non seulement au possesseur à titre de propriétaire, mais aussi à celui qui est possesseur à titre de créancier gagiste. Quant à la jurisprudence, il y a eu deux arrêts récents de la Cour de Paris (2), décidant que le créancier gagiste ne peut pas invoquer l'article 2279 qui n'a été écrit qu'en vue de celui qui prétend avoir acquis la propriété (3).

C'est une solution, qui non seulement ne résulte pas du texte comme nous l'avons démontré, mais qui en outre est contraire aux travaux préparatoires (Locré, t. 16, p. 30), et à l'intérêt général du crédit mobilier, car le prêteur, exposé à la revendication du tiers qui se prétend propriétaire de la chose donnée en gage, hésitera à consentir des avances, au grand préjudice du commerce.

Nous avons vu jusqu'à présent le rapport qui s'établit entre le propriétaire de la chose engagée et le créancier gagiste, en cas de gage de la chose d'autrui.

Nous allons voir maintenant la situation qui est créée.

b). — Dans les rapports du *constituant du gage et du créancier gagiste*. Le débiteur ou le tiers, en remettant en gage, la chose d'autrui, a manqué à ses engagements ; en effet il s'était obligé à faire une constitution régulière de gage et par suite à ne remettre qu'une chose dont il

1. Voir, pour plus de détails, MM. Lyon-Caen et Renault, t. 3, n° 291, page 222.

2. Dalloz, 95, 11, 180 et 93, 11, 502.

3. Dans le même sens, Van Bemmelen : *Système de la propriété mobilière.*

est propriétaire. Sans doute le créancier gagiste de bonne foi, s'il s'agit d'un meuble corporel ou titre au porteur, pourrait invoquer l'article 2279 contre le véritable propriétaire, mais si on admet que la règle en fait de meubles « possession vaut titre » n'est pas d'ordre public et ne s'impose pas comme mode d'acquisition à celui en faveur duquel elle existe, alors il faut appliquer par analogie l'article 2221 Code civil et dire que le créancier gagiste peut renoncer à invoquer l'article 2279. En effet le constituant ne peut pas lui imposer l'emploi d'un moyen de défense que répudie peut-être sa conscience.

Lorsque le gage porte sur des titres à ordre ou transmissibles par voie de transfert, il ne peut plus s'agir d'appliquer l'article 2279 et le propriétaire dépossédé peut les revendiquer contre le créancier gagiste qui se trouve les détenir indûment.

Dans tous ces cas, le contrat de gage est nul. Mais quelle est la nature de la nullité? Est-ce une nullité absolue ou relative?

En général on dit qu'il y a *nullité relative*, donc le créancier gagiste pourra seul invoquer la nullité du gage, mais le débiteur ne le pourra pas, car ou bien il a été de mauvaise foi et alors il ne peut pas invoquer sa fraude, ou bien il a été de bonne foi, et alors il a commis au moins une faute pour ne s'être pas assuré de son droit de propriété avant de mettre la chose en gage.

Et cependant les mêmes auteurs admettent que l'hypothèque constituée sur l'immeuble d'autrui est nulle, d'une nullité absolue! Or nous ne voyons pas quelle peut être la raison de cette différence entre le gage et l'hypothèque?

Ce n'est pas la nature mobilière ou immobilière d'une chose qui peut changer la nature juridique des droits qui sont constitués sur elle. Or le gage et l'hypothèque sont l'un et l'autre de droits réels accessoires de même nature qui ne diffèrent que par le procédé que le législateur a employé pour révéler leur existence aux tiers, pour le gage, c'est la mise en possession du créancier gagiste, pour l'hypothèque, c'est l'inscription.

Et au point de vue rationnel, il n'y a pas raison de distinguer. De même que dans l'hypothèque, celui qui constitue une chose en gage, veut créer un droit réel au profit du créancier gagiste ; or ceci est juridiquement impossible, si la chose sur laquelle doit porter ce prétendu droit de gage, n'appartient pas à celui qui a voulu la grever de ce droit, car *nemo dat quod non habet*. Cela est bien plus vrai qu'en cas de vente de la chose d'autrui, car lorsque quelqu'un vend une chose qui ne lui appartient pas, on peut très bien interpréter l'opération dans ce sens que le vendeur a entendu contracter envers l'acheteur, *l'obligation* seulement de se procurer la chose de celui qui en est propriétaire et à la lui transmettre ensuite, comme en droit romain ; mais lorsqu'il s'agit de l'hypothèque ou du gage, c'est au moment même de la conclusion de la convention, que les parties ont voulu faire naître le droit réel d'hypothèque ou de gage ; or ceci était impossible puisqu'on ne peut pas constituer des droits sur la chose d'autrui.

Notre conclusion est donc, qu'en cas de gage de la chose d'autrui le droit réel ne peut pas naître puisqu'il tombe dans le vide et qu'il y a nullité absolue avec toutes les conséquences qui s'y rattachent.

Par conséquent, à notre avis, il faut considérer la qualité de propriétaire comme une *condition d'existence du contrat de gage*, et non pas seulement comme une condition de validité comme le font tous les auteurs.

Pour refuser au constituant le droit de se prévaloir de la nullité du gage, on dit ou bien il a été de mauvaise foi et alors il ne peut pas invoquer sa fraude, ou bien il a été de bonne foi et alors il a commis au moins une faute pour ne s'être pas assuré de son droit de propriété avant de mettre la chose en gage. Mais nous ne voyons pas en quoi la bonne ou la mauvaise foi du débiteur qui a constitué le gage peut influer sur la nature de la nullité du contrat.

D'ailleurs en cas de vente de la chose d'autrui, on peut aussi bien dire du vendeur qu'il a été ou de mauvaise foi, ou qu'il a commis au moins une faute de ne s'être pas assuré de son droit de propriété avant de vendre la chose, et cependant on admet généralement en doctrine que l'article 1599 du C. civil, qui statue en termes absolus que la vente de la chose d'autrui est nulle, prévoit une nullité absolue.

Enfin si l'on admet qu'en cas de gage de la chose d'autrui il y a nullité relative, nous ne voyons pas quel peut être le fondement juridique de cette nullité. Il ne peut évidemment pas s'agir d'une nullité relative fondée sur le dol ou la violence. Il ne reste donc que l'erreur. Mais sur quoi porte donc l'erreur du créancier gagiste ? Est-ce sur la personne du débiteur qui lui a constitué le gage ? Non, car c'est bien avec cette personne que le créancier gagiste a entendu contracter ?

Est-ce une erreur qui tombe sur la substance même de la chose comme le dit l'article 1110 Code civil? Nous ne le croyons pas, car il est difficile de considérer l'absence d'un droit de propriété du débiteur sur la chose, comme une qualité substantielle dans le sens de l'article 1110 C. civil.

Au contraire, en admettant qu'il s'agit d'une nullité absolue, le fondement juridique est facile à trouver.

Quelle a été l'intention des parties dans le contrat de gage ? C'était de conférer au créancier gagiste sur la chose engagée, un droit réel. Or cette intention n'a pas pu se réaliser puisque la chose n'appartenait pas au débiteur, et qu'on ne peut pas conférer des droits sur la chose d'autrui. Par conséquent le contrat de gage n'a pas pu se former, parce qu'il manque *d'objet*, la convention est nulle d'une nullité absolue, car elle est inexistante.

Nous dirons donc que le débiteur lui-même pourra invoquer la nullité de la constitution de gage ; le créancier ne pourra pas lui refuser la restitution de la chose, en alléguant que la chose appartient à autrui, car n'ayant pas pu être grevée d'un droit réel, elle n'était qu'un dépôt entre ses mains : or, le dépositaire doit restituer la chose à celui qui la lui a confiée, sans pouvoir exiger de celui qui a fait le dépôt, la preuve qu'il était propriétaire de la chose déposée, comme il résulte des articles 1937 et 1938 Code civil, sauf une exception prévue par la fin de l'article 1938.

Mais le créancier à son tour, s'il n'est pas encore payé

aurait le droit d'exiger un nouveau gage, ou de demander la résolution du contrat principal, car il n'a consenti à prêter par exemple, que si l'emprunteur lui fournirait la sûreté qu'il croyait nécessaire pour garantir le paiement de la dette. On appliquera par analogie l'article 1977 Code civil.

Nous avons ainsi terminé ce qui concerne la première condition nécessaire à la validité du gage, comme disent les auteurs, d'après nous à l'existence même du gage, à savoir la qualité de propriétaire chez le constituant du gage (1).

II) Il faut en second lieu, avons-nous dit, *que celui qui constitue une chose en gage, soit capable d'aliéner car il y a aliénation partielle de la chose.* Les incapacités sont ici, en général, celles de droit commun. Ainsi le mineur, l'interdit, l'individu pourvu d'un conseil judiciaire la femme mariée ne peuvent constituer de gage, que moyennant l'observation des formalités ou avec les autorisations requises par la loi.

Depuis la loi de 1893 la femme séparée de corps n'a plus besoin de l'autorisation de son mari ou de justice.

Enfin il résulte des articles 6 et 7 du code de commerce que le mineur autorisé à faire le commerce et la femme

---

1. Le gage, comme nous l'avons vu, peut être constitué par un mandataire agissant au nom du propriétaire ; mais un mandat conçu en termes généraux ne suffirait pas, car d'après l'article 1398 C. civ., ce mandat n'embrasse que les actes d'administration.

Donc il faut un mandat exprès car la constitution de gage est un acte d'aliénation. Il n'est pas nécessaire que le mandat résulte d'un acte authentique car la constitution de gage n'est pas un acte solennel à la différence de la constitution d'hypothèque.

marchande publique, sont capables de faire tous les actes relatifs à leur commerce (art. 487 C. civ. et art. 2 C. com. pour le mineur, art. 5 C. com. et art. 220 C. civ. pour la femme) (1).

La femme dotale ne peut pas donner en gage des **valeurs dotales.**

La sanction de ces incapacités, c'est la nullité relative au profit de l'incapable qui peut renoncer à s'en prévaloir par une ratification expresse et, qui est présumé y renoncer en laissant passer un délai de 10 ans (art. 1125 et 1304 C. civ.).

Il y a une autre incapacité d'une nature particulière qui est spéciale aux commerçants et qui résulte du jugement déclaratif de faillite. D'après l'article 443 al. 1 du Code de commerce, le jugement déclaratif de faillite emporte de plein droit, à partir de sa date, dessaisissement pour le failli, de l'administration de tous ses biens, etc. Ce dessaisissement n'est pas une expropriation car le failli reste propriétaire et créancier, seulement l'exercice de ses droits de propriété ou de créance lui est enlevé pour être confié au syndic. Ce n'est pas non plus une interdiction, car les actes passés par le failli après la déclaration de faillite ne sont pas nuls, ils sont valables en eux-mêmes sauf à ne pas être exécutés au détriment de la masse des créanciers. Il y a donc une indisponibilité des biens du failli. Ce dessaisissement résultant du jugement déclaratif opère comme une mainmise sur les biens du débiteur et doit produire le même effet qu'une saisie.

1. Voir *Manuel de Droit commercial* par MM. Lyon-Caen et Renault. p. 59 et s. et p. 66 et s.

Or, on admet que le cessionnaire d'une créance ou le créancier dont le gage porte sur une créance ne pourrait invoquer son droit, au préjudice d'une saisie-arrêt faite sur la même créance et antérieure à la signification du transport ou du contrat de gage ; or le jugement déclaratif doit avoir la même efficacité. Voir *Précis* de M. Lyon-Caen, t. 2, n° 2728 et Pont *Petits Contrats*, t. 2, n° 1111. Mais le jugement déclaratif de faillite a aussi des effets sur les actes antérieurs.

Cette période antérieure au jugement, on peut la diviser en deux autres : d'abord la période qui va de la cessation des paiements (elle comprend pour certains actes les dix jours précédents) à la déclaration de faillite, c'est la période suspecte.

Comme il résulte des articles 446-449 Code de commerce, tous les actes faits dans cette période ne sont pas annulés sans distinction comme dans la période qui suit le jugement déclaratif ; la loi tient compte soit de la nature de l'acte, soit des circonstances dans lesquelles il est intervenu (1).

Sont nuls de droit, nous dit l'article 446 Code de commerce, dernier alinéa : toute hypothèque conventionnelle ou judiciaire, et tous droits d'antichrèse ou de nantissement constitués sur les biens du débiteur pour dettes antérieurement contractées.

Donc, en ce qui concerne spécialement le gage (que l'article 446 confond avec le nantissement), il faut, pour

______

1. *Précis de droit commercial* de MM. Lyon-Caen et Renault, t. 2, p. 720 et s.

qu'il soit nul de droit, que la constitution en ait eu lieu pendant la période suspecte (qui comprend ici les 10 jours précédant la cessation des paiements), et pour sûreté d'une dette antérieure, contractée soit pendant cette période même, soit avant son commencement. Pour décider, si une constitution de gage est nulle de droit en vertu de l'article 446, il faut considérer le moment où le contrat s'est formé par l'accord des volontés, qui impose au débiteur constituant l'obligation de remettre la chose ou le titre de créance engagée entre les mains du créancier gagiste.

Il n'y a pas à tenir compte de ce que le gage n'a été effectivement remis au créancier que pendant la période suspecte et depuis la naissance de la dette principale, pourvu que la remise soit antérieure au jugement déclaratif de faillite et au dessaisissement qui en est la conséquence.

Cependant, on a produit contre cette opinion, des arguments, qui au premier abord, paraissent décisifs. On a dit : la remise de la chose engagée, est une condition d'existence du contrat de gage ; tant qu'elle n'a pas lieu, il n'y a que promesse de nantissement qui sans doute oblige la partie qui a fait la promesse à donner le gage promis, mais ce n'est pas le contrat de gage, prévu et réglé par le Code.

Comme il n'y a pas encore contrat de gage, le privilège dont parlent les articles 2073 et s. du Code civil n'a pas pu prendre naissance ; or, c'est précisément à raison du préjudice qui peut résulter de ce privilège pour la masse des créanciers, que le Code de commerce annule la constition de gage consentie dans les termes de l'article 446.

En admettant donc la validité du gage, on va contre l'intention du législateur qui a été de maintenir une égalité rigoureuse entre les créanciers.

D'ailleurs, ajoute-t-on, le législateur en réglant le sort des actes antérieurs à la faillite, a été préoccupé d'empêcher qu'un commerçant ne trompât ses créanciers en leur laissant croire que ses biens sont libres et peuvent former leur gage, alors qu'en réalité ils sont affectés spécialement à certains créanciers. A l'appui de cette manière de voir on invoque les articles 550 dernier alinéa, 576 et 577 Code de commerce, desquels il résulte que le vendeur d'effets mobiliers est privé de son privilège, du droit de revendication établi par l'article 2102 alinéa 4 du Code civil et de son action en résolution, lorsque les objets vendus sont entrés dans les magasins de l'acheteur avant sa déclaration en faillite.

Or, ce danger redouté par le législateur, de voir un commerçant augmenter son crédit d'une manière factice, se réalisera, si on admet qu'il peut valablement remettre le gage à son créancier durant la période suspecte.

En effet, dans notre droit, la remise de la chose est le seul moyen de publicité qui révèle aux tiers l'affectation d'un bien, en matière mobilière (sauf en ce qui concerne les navires). Par conséquent les tiers qui traitent avec un commerçant, voyant qu'il a certaines choses entre les mains, et croyant qu'elles font partie de son actif disponible, peuvent éprouver un grave préjudice qu'ils n'auront pas pu éviter, lorsque plus tard, le commerçant étant à la veille d'être déclaré en faillite, le créancier gagiste se présente pour être mis en possession des choses engagées, diminuant ainsi l'actif sur lequel les tiers avaient pu compter légitimement. On invoque en ce sens un argument d'analogie tiré des mesures que le législateur a pris, en cas de faillite, en matière hypothécaire, pour éviter une semblable fraude. En effet, il résulte de l'alinéa 2 de l'article 448 Code de commerce, que même lorsqu'il s'agit d'une hypothèque valablement constituée, l'inscription de cette hypothèque peut être annulée (et par conséquent l'hypothèque rendue inefficace à l'égard des tiers), si elle a été prise après l'époque de la cessation de paiements ou dans les dix jours précédents, lorsqu'il s'est écoulé plus de quinze jours entre la date de l'acte constitutif de l'hypothèque et celle de l'inscription.

Or, dit-on, la mise en possession du créancier gagiste, remplit, par rapport au gage, le même rôle que l'inscription par rapport à l'hypothèque, c'est une formalité de publicité exigée par la loi sous peine d'inefficacité du contrat de gage, à l'égard des tiers (article 2076 C. civ.).

Par conséquent, puisque la mise en possession et l'inscription ont le même but (la publicité) et les mêmes effets (d'assurer le droit de préférence du créancier à l'égard des tiers), elles doivent être régies par les mêmes règles.

Nous allons reprendre un à un ces différents arguments de l'opinion adverse. On nous dit : tant qu'il n'y a pas remise du gage, il n'y a pas contrat de gage, mais une simple promesse de nantissement. Sans doute, mais précisément cette promesse de nantissement fait naître à la charge du promettant l'obligation de donner le gage promis ; or en remettant la possession de la chose promise au créancier, le débiteur ne fait qu'exécuter son obligation, il fait ce qu'on appelle dans la langue du droit, un paiement (articles 1236 et 1237 C. civ.). Or, il résulte de l'article 446 al. 3 Code de com. que les paiements de dettes échues faits pendant la période suspecte ne sont pas nuls de droit. Sans doute l'art. 446 al. 3 nous parle de paiements en espèce ou effets de commerce ; mais il est admis par tout le monde, que la loi a eu en vue les dettes les plus nombreuses, celles de somme d'argent, mais que sa portée est plus générale en ce sens qu'un paiement n'est pas nul de droit toutes les fois que le failli a payé la chose due elle-même, quelle que soit cette chose.

On a dit en second lieu qu'il y avait lieu d'appliquer l'article 448 al. 2 au gage, par identité de motifs ; si, au point de vue rationnel, on ne voit pas, en effet, de raison pour établir une différence entre le gage et l'hypothèque, en notre matière, cependant il faut interpréter notre texte strictement, car il établit une nullité et c'est un principe : pas de nullité sans texte. Or l'art. 448 al. 2 ne parle que des droits soumis à l'inscription, c'est-à-dire, des hypothèques et des privilèges immobiliers. Enfin on a ajouté cette considération : que si on n'applique pas à la remise de gage qui a eu lieu pendant la période suspecte, la nullité de droit de l'article 446 ou au moins la nullité facultative de l'article 448 al. 2 il est à craindre que le créancier gagiste, de connivence avec le débiteur, et pour permettre à celui-ci de jouir d'un faux crédit, le laisse en possession du gage jusqu'à la veille de la déclaration de faillite. Et l'article 448, al. 2 précité, prouve que le législateur a prévu et voulu éviter ce genre de fraude.

Tout ceci est exact. Mais il ne faut pas croire que la fraude, si elle est pratiquée, demeure sans répression.

En effet, l'article 447 C. de com., crée des nullités facultatives pour le juge, s'appliquant en principe à tous les actes, spécialement à tous paiements (autres que ceux frappés d'une nullité de droit par l'art. 446) faits par le débiteur pour dettes échues, quand ils ont été faits après la cessation de paiement et avant le jugement déclaratif de faillite, pourvu que le créancier ait eu, au moment où il a reçu ce qui lui était dû, connaissance de l'état de cessation de paiements.

C'est cette disposition générale qu'on pourra appliquer dans notre cas, car, comme nous l'avons dit, la remise de la chose au créancier gagiste, constitue l'exécution d'une obligation exigible. Cette remise étant annulée, le créancier perd son privilège, en même temps que la possession.

La Cour de cassation dans un arrêt du 20 janvier 1886 s'est prononcée dans notre sens. Dans l'espèce, le gage avait été constitué pour une dette contractée au moment de sa constitution et avant la période suspecte, mais le titre de la créance constituée en gage n'avait été remis au créancier qu'après la date de la cessation des paiements. La Cour de cassation, a décidé, comme l'ont fait déjà plusieurs arrêts, que l'article 446 Code de commerce était inapplicable malgré cette dernière circonstance (1).

1. Voir sur tout ce que nous venons de dire l'excellente dissertation de M. Ch. Lyon-Caen, que nous n'avons fait que résumer, insérée sous l'arrêt précité dans le Sirey, 86, 1, 306.

Cette doctrine a été appliquée au cas où le contrat de gage

La solution que nous avons donnée pour le cas de mise en possession ayant eu lieu pendant la période suspecte, il faut l'appliquer à la signification d'une constitution de gage de créance faite pendant la période suspecte. En effet, la signification, quand il s'agit du gage de créances, remplit en réalité comme nous le verrons plus tard le rôle qu'a la mise en possession dans le gage des choses corporelles ; c'est pourquoi un auteur, M. Colmet de Santerre, est allé jusqu'à nier la nécessité de la mise en possession lorsque l'objet du gage est une créance. Et en effet, lorsqu'il s'agit d'une cession de créance, il résulte des articles 1689 et 1690 Code civil que la cession s'opère entre les parties, par la seule convention, et qu'à l'égard des tiers, la signification suffit à elle seule pour ensaisiner le cessionnaire.

Elle remplit la même fonction de publicité lorsqu'il s'agit du gage de créances, seulement ici la loi a cru devoir compléter la signification par la mise en possession.

Par conséquent, la signification n'est qu'une formalité extrinsèque qui a seulement pour but de rendre opposable aux tiers, un droit valablement acquis, et d'autre part on peut dire que l'article 446 Code de commerce, annulant uniquement les actes émanés du débiteur, est étranger à une signification qui est l'œuvre du créancier et à laquelle le débiteur ne participe pas (1).

ayant accompagné la naissance de la dette, le connaissement relatif aux marchandises engagées n'a été transmis au créancier gagiste que postérieurement.

1, *Précis de droit commercial* de MM. Lyon-Caen et Renault, t. 2

Cependant M. Troplong (1) a soutenu qu'il fallait assimiler la période suspecte à celle qui suit une saisie-arrêt, et par conséquent une créance ayant été donnée en gage par le titulaire à un moment où il était encore très solvable, la signification qu'on en ferait pendant la période suspecte serait tardive, et on devrait la considérer comme non avenue à l'égard de la masse des créanciers.

En faveur de son opinion, M. Troplong dit que la faillite n'est que la constatation de la cessation des paiements, donc cette dernière doit produire les mêmes effets que le jugement déclaratif de faillite qui met arrêt sur tous les biens du débiteur, qui fixe l'état dans lequel ils se trouvent.

nᵒˢ 2769 et 2772. Nous n'invoquerons pas en outre, pour justifier cette solution, comme le font certains auteurs (MM. Pont, *Petits contrats*, t. 2, nᵒ 1112, et Laurent, *Droit civil*, t. 28, nᵒ 4671), un argument d'analogie tiré de l'art. 488, al. 1. C. de com. qui admet que les droits d'hypothèque et de privilège valablement acquis pourront être inscrits jusqu'au jour du jugement déclaratif de faillite. En effet la conséquence logique serait qu'il faudrait appliquer aussi le 2ᵉ alinéa et dire que le nantissement pourra être déclaré nul s'il s'est écoulé quinze jours entre la date de la convention et la signification. C'est la solution à laquelle arrivent MM. Pont (*loc. cit.*) et Bravard-Veyrières (*Droit commercial*, t. V, p. 300), mais elle est rejetée par la jurisprudence et la majorité des auteurs (Voir notamment MM. Lyon-Caen et Renault, *Précis*, nᵒ 2788, et *Demangeat sur Bravard*, t. V, page 300, nᵒ 1). Nous sommes en matière de privilèges et on ne saurait étendre par analogie un article à un cas qu'il ne prévoit pas, quoiqu'il paraisse rationnel que toutes les sûretés réelles subissent le même sort dans la procédure de la faillite.

1. *Traité du nantissement*, nᵒ 274 et s. Cette opinion a été adoptée p. M. Massé, *Droit commercial*, t. IV nᵒ 2891.

Comme argument de texte, il invoque l'art. 446, qui, dit-
il, est l'expression de ces idées.

Cette doctrine a le tort de confondre la cessation des
paiements et la faillite. Or l'art. 443, d'une part et les articles 446, 447, 448 du C. com. d'autre part font une distinction très nette entre les effets de la faillite déclarée,
et ceux de la cessation des paiements. Les actes intervenus après le jugement déclaratif, sont tous sans distinction, quoique valables en eux-mêmes, nuls ou plutôt inef-
ficaces à l'égard de la masse (art. 443).

Si au contraire, il s'agit d'actes accomplis pendant la
période suspecte, la loi ne les annule pas tous indistinc-
tement ; la loi tient compte, comme nous l'avons vu, de
la nature de l'acte et des circonstance dans lesquelles il
est intervenu, mais en principe le commerçant pendant
cette période reste maître de son patrimoine.

Dans l'opinion de MM. Troplong et Massé, on arrive
d'ailleurs, à ce singulier résultat, que le failli peut, pendant la période suspecte, contracter une dette qu'il garantira valablement par un gage, (art. 447 com.). alors que
cette même dette contractée et garantie par un gage
avant cette période, sera privée de ce gage, puisque le
créancier ne pourrait plus faire utilement la signification
nécessaire pour donner au contrat son efficacité.

Mais nous croyons que la jurisprudence et certains auteurs (1) ont tort d'appliquer l'art. 447 C. de commerce
et de dire que le gage pourra être annulé si le créancier

---

1. M. Pont, *Petits contrats.*, t. 2, p. 667. Guillouard, *Nantissement*
p. 128.

gagiste connaissait la cessation des paiements au moment de la signification.

En effet, la signification n'est pas un de ces actes à titre onéreux passés par le débiteur dont parle l'art. 447 (1). Sans doute nous avons donné une solution contraire et nous avons admis la possibilité d'application de l'art. 447 C. de commerce, à la remise de la chose ou du titre de créance engagée, faite pendant la période suspecte. Mais nous avons dit, pour justifier cette solution, que la remise constitue, l'exécution (paiement) d'une obligation exigible, et à ce titre, rentre dans le cas prévu par la première partie de l'art. 447. (paiement de dette échue). Il n'en est pas de même de la signification. Il est certainement peu logique, que la signification et la remise de la chose qui, en somme ne sont que deux modes de publicité, soient régies par des règles différentes, mais c'est au législateur à combler la lacune.

On ne peut pas non plus appliquer l'article 448, al. 2. pour la même raison pour laquelle on ne peut l'appliquer en cas de mise en gage.

En résumé, nous voyons que dans tous les cas, pour savoir si un gage est valable, il faut s'attacher uniquement à la date de la convention du gage (promesse de nantissement). S'il s'agit d'un *gage civil*, il faudra que l'acte qui constate la convention, eût acquis date certaine, pour être opposable aux créanciers de la masse. C'est la règle de l'article 1328, Code civil, pour donner date cer-

1. Dans ce sens, M. Boistel. *Précis de droit commercial*, n° 919 p. 689, n° 958 p. 730 et MM. Aubry et Rau, t. 4, § 339 bis, p. 430 texte et note 15.

taine vis-à-vis des tiers. Pour *un gage commercial* de choses corporelles ou titres au porteur il résulte de l'article 91 Code de commerce qu'il n est pas besoin d'acte écrit, donc c'est au juge d'apprécier librement (1).

Pour terminer sur la période suspecte, nous rappellerons que l'article 446 Code de commerce ne s'applique pas si le gage est constitué pendant la période suspecte, mais au *moment de la naissance* de la dette qu'il a pour but de garantir. Dans ce cas le gage pourra être annulé mais en même temps que le contrat principal car il y a indivisibilité entre les deux contrats, par application de l'article 447, si le créancier avait connaissance de la cessation des paiements au moment de l'opération.

b) Nous n'avons qu'un mot à dire sur la période qui précède le temps suspecte. On applique le droit commun, c'est-à-dire que les créanciers n'ont que la ressource de l'action paulienne (art. 1167, C. civ.) faute de disposition de la loi commerciale.

Nous avons ainsi terminé ce qui concerne les conditions de validité du contrat de gage, qui se réduisent à une question de capacité.

Nous allons traiter maintenant des conditions d'efficacité.

---

1. MM. Lyon-Caen et Renault, *op. cit.*, t. 1, n° 693.

DEUXIÈME PARTIE

Conditions d'efficacité du gage.

Il ne s'agit plus d'éléments nécessaires à la perfection du contrat mais de certaines formalités établies par la loi pour porter à la connaissance des tiers, le contrat de gage et le privilège qui en résulte. Il s'agit donc de mesures de publicité, dont la sanction consiste en ce que les personnes, dans l'intérêt desquelles ces formalités sont établies, ont le droit de méconnaître les effets du contrat de gage, s'ils y ont intérêt.

Ces formalités varient suivant qu'il s'agit du gage de choses corporelles ou incorporelles, et depuis la loi du 23 mai 1863 suivant que nous sommes en matière civile ou commerciale. Notre étude se restreint au gage des choses incorporelles que nous examinerons par comparaison en matière civile et commerciale.

Avant d'entrer dans l'examen des formalités établies par nos lois pour le gage des choses incorporelles, donnons une esquisse historique, de cette espèce de gage.

Le *droit grec* connaissait-il le gage des créances (seules choses incorporelles dont on puisse parler dans ce temps)? Certains auteurs l'admettent en se fondant sur un discours de Démosthène contre Lacrite, où il parle de ναῦλον, qu'on traduit par prix de transport. Dans d'autres cas, ce n'est pas une chose qui est engagée mais le prix qui doit provenir de la vente de l'objet : ainsi un cas se trouve mentionné dans une inscription publiée par M. Dareste dans le *Bulletin de correspondance hellénique* IV, p. 341 et s. Dans le droit public, on voit des cas fréquents de mise en gage des revenus d'une cité (πρόσοδοι). Voir dans Homolle : *Bulletin* VI, p. 69.

Quant la forme du gage et quant aux moyens d'en assurer la publicité, il ne paraît pas y avoir eu des règles à cet égard. Voir M. Dareste dans le *Bulletin*, VI, p. 291 et s.

En *droit romain*, le gage d'une créance, *pignus nominis* donnait au créancier gagiste le droit d'intenter l'action du titulaire de la créance engagée, comme action utile. Mais si l'hypothèque et le gage des choses corporelles, n'étaient soumis pour leur efficacité vis-à-vis des tiers à aucune condition de publicité, en revanche lorsqu'il s'agit du *pignus nominis*, il y avait une formalité analogue à celle employée en cas de cession de créance. C'était la *denuntiatio* au débiteur de la créance constituée en gage, analogue à la signification exigée aujourd'hui par l'article 2075 du Code civil. Mais ce qui constitue une différence entre les deux législations, c'est qu'en droit romain la *denuntiatio* était une pure faculté pour le créancier gagiste comme pour le cessionnaire, une simple mesure conservatoire qu'il avait sans doute intérêt à accomplir, pour constituer éventuellement le débiteur de mauvaise foi, afin que son gage ne vienne pas à s'évanouir, à la suite d'un paiement effectué de bonne foi par le débiteur de la créance engagée, entre les mains du constituant, ou à la suite d'une *acceptitatio* faite par ce dernier. Donc, la *denuntiatio* n'était pas, comme aujourd'hui, une condition d'efficacité du gage à l'égard des tiers, et de là il résulte cette conséquence qu'en droit romain, lorsque la créance était donnée en gage à plusieurs créanciers, l'ordre des préférences se déterminait d'après la date des différentes conventions passées avec le constituant et non d'après celles des différentes *denuntiationes* (1). Actuellement, dans le droit français, c'est le contraire qu'il faudrait dire.

La mise en possession, qui, d'après le droit français, est nécessaire même lorsqu'il s'agit du gage des créances, n'était pas exigée en droit romain, comme il résulte du passage suivant d'Ulpien (l. 20, D. *de pignoribus et hypothecis*, 20, 1) : *Cum convenit, ut is qui ad refectionem ædificii credidit, de pensionibus, jure pignoris ipse creditum, recipiat, etiam actiones utiles adversus inquilinos accipiet cautionis exemplo, quam debitor, creditori pignori dedit.* Ulpien s'appuie pour affirmer la validité du gage de créances non constatées par écrit, sur celle d'une créance constatée par une *cautio*.

Les Romains sont arrivés à admettre comme objet du gage, tout ce qui a une valeur pécuniaire réalisable. La convention de gage a commencé, dans son évolution his-

---

1. Voir Dernburg. *Pfandrecht*, t. 1, p. 462.

torique, par porter d'abord sur des choses corporelles, et a parcouru ensuite successivement tout le cercle des éléments du patrimoine sous la main des jurisconsultes romains s'inspirant des besoins de la pratique. Et ainsi ils sont arrivés à admettre un droit de gage sur le gage lui-même, c'est le *subpignus* ou *pignus pignoris*. La construction juridique de ce *pignus pignoris* est très contestée. D'après l'opinion très habilement défendue par Sohm (1), le créancier gagiste ne donne en gage que son droit, et non la chose elle-même. Le *pignus pignoris* donne le droit, d'exercer le droit de gage engagé, à la place du créancier gagiste auquel ce droit de gage appartient, sous les conditions, sous lesquelles ce dernier peut réclamer la chose engagée et la vendre (2).

Au moyen âge, des droits que nous considérons comme faisant partie du domaine public, et à ce titre hors de commerce, pouvaient être donnés en gage, comme ils étaient susceptibles d'autres opérations juridiques : ainsi les droits régaliens ou de souveraineté (*jura regalia*), les droits de justice, de douane et les impôts sont très souvent donnés en gage.

Ce qu'il y a de particulier, c'est qu'on voyait là plutôt la mise en gage ou l'hypothèque d'une chose, alors qu'aujourd'hui on y verrait la mise en gage d'un droit de créance ; ainsi ce n'était pas le droit à un loyer ou fermage qui était mise en gage, mais la propriété elle-même avec tous les droits qui y étaient attachés.

1. *Subpignus*, p. 52 et s.

2. Voir les autres opinions dans Dernburg : *Pandekten*, t. I, p. 708.

De même on admettait qu'il y avait mise en gage d'une chose, lorsque le créancier donnait en gage à un tiers le billet souscrit par son débiteur ; la possession de l'écrit permettait la mise en gage du droit (1) pour ainsi dire matérialisé dans l'écrit.

Cependant vers la fin de l'ancien droit français. Pothier avait contesté dans son « *Traité du contrat de nantissement* » n° 6, la possibilité de la mise en gage des créances parce qu'elles ne sont pas susceptibles d'une tradition réelle qui est de l'essence du nantissement.

Mais dans son « *Traité dê l'hypothèque* », au n° 211, il se rallia à la pratique qui était contraire à son opinion, dans les termes suivants : « Les choses incorporelles, comme sont les dettes actives, sont-elles susceptibles de nantissement? La raison de douter est que les choses incorporelles ne sont pas susceptibles de possession, ni de tradition, ni par conséquent de nantissement qui ne se contracte que par la tradition et en mettant le créancier en possession de la chose. Néanmoins, comme la tradition, dont les dettes actives ne sont pas susceptibles peut se suppléer, en remettant à celui à qui on la donne en nantissement, le billet ou obligation du débiteur qui est l'instrument de cette dette active et en faisant par le créancier, à qui la dette active a été donnée en nantissement, signifier au débiteur de cette dette, l'acte par lequel elle a été donnée en nantissement, avec défense de payer en d'autres mains qu'en celles de celui à qui elle a été don-

____

1. Voir sur la question Meibom : *Das deutsche Pfandrecht*, p. 296 et s.

née en nantissement, il y a lieu de soutenir que les dettes actives en sont aussi susceptibles. »

C'était en effet ainsi que la pratique de l'ancien droit arrivait à la constitution en gage des créances, et cette pratique fut consacrée par la jurisprudence, ainsi que nous le dit Pothier lui-même, dans une note de l'édition de 1766, par un arrêt de la Cour des Aides du 18 mars 1769. Et dans ce sens on peut remonter au moins jusqu'à un arrêt du Parlement de Paris du 9 juillet 1698 reproduit dans Brillon : *Dictionnaire des arrêts*, t. 3, p. 440.

En effet, les objections de droit soulevées par Pothier que les créances ne sont pas susceptibles de possession ni de tradition, n'avaient pas empêché les Romains d'admettre la possibilité de la mise en gage des créances. Car d'une part, la possession n'était pas nécessaire, comme nous l'avons vu, en droit romain, lorsqu'il s'agissait d'un *pignus nominis* ; en outre, la tradition, sans doute, pendant longtemps impliquait une remise matérielle et par conséquent ne pouvait s'appliquer qu'aux choses corporelles, mais on avait introduit pour les choses incorporelles la quasi-tradition.

Quant aux formalités de la mise en gage des créances dans l'ancien droit, nous voyons qu'à l'époque de Pothier, elles étaient analogues à celles exigées par le C. civil aujourd'hui : la remise du titre qui constate la créance pour satisfaire à la condition de la possession et la signification du contrat de gage au débiteur de la créance engagée.

Remontant plus haut dans l'ancien droit, ce n'est qu'à la fin du XVIe siècle que nous rencontrons les premiers documents législatifs dont les rédacteurs du Code se sont inspirés. Il n'y est pas question de meubles incorporels ; ce sont les règles générales du gage qui s'appliquaient évidemment à leur égard.

Ainsi Tronçon, sur l'article 181 de la coutume de Paris, rapporte un arrêt de règlement du 25 novembre 1599 cité par Charondas, qui ordonna que ceux qui prêteraient sur gages, une somme excédant 100 livres, feraient passer une reconnaissance du prêt par écrit, autrement que le créancier serait tenu de rendre les gages sans que le débiteur fût tenu de lui restituer l'argent.

Le Grand sur Troyes article n° 63 fait mention de l'article 148 de l'ordonnance de 1629 qui portait la même disposition.

L'ordonnance de commerce de 1673, continua à exiger quoique sous une sanction moins rigoureuse, un acte écrit comme il résulte des articles 8 et 9, t. VI, reproduits dans le *nouveau commentaire sur les ordonnances* des mois d'août 1669 et mars 1673 par *Jousse* pages 296, 297, art. 8 : aucun prêt ne sera fait sous gage qu'il n'y en ait un acte par devant notaires, dont sera retenu minute et qui contiendra la somme prêtée et les gages qui auront été délivrés, à peine de restitution des gages à laquelle le prêteur sera contraint par corps, sans qu'il puisse prétendre de privilège sur les gages, sauf à exercer ses autres actions.

Art, 9: Les gages qui ne pourront être exprimés dans l'obligation, seront énoncés dans une facture ou inventaire, dont sera fait mention dans l'obligation ; et la facture ou inventaire contiendra la qualité, quantité, poids et mesures des marchandises ou autres effets donnés en gage sous les peines portées par l'article précédent.

Jousse, dans son commentaire, s'exprime dans les termes suivants ; ces deux articles ont été principalement établis : 1° contre ceux qui prêtent à usure sous des gages ; 2° pour prévenir les fraudes et recélés qui peuvent arriver fréquemment de la part des marchands et négociants, en exigeant de leurs débiteurs des gages ou nantissements, lorsque ceux-ci viennent à faire faillite ; 3° afin que les débiteurs qui se trouvent en faillite ne puissent avantager quelques-uns de leurs créanciers au préjudice des autres.

Ces formalités avaient en outre l'avantage, comme le remarque M. Troplong (1), qu'elles rendaient plus difficile un autre abus : Les créanciers nantis de gages suffisants pour leur garantir le paiement de ce qui leur était dû, se présentaient fréquemment aux distributions au sou la livre, comme s'ils étaient simplement chirographaires, en sorte que, suivant l'expression de Savary, ils tiraient d'un sac deux moutures ; puis, lorsqu'ils étaient parvenus à être complètement désintéressés, ils remettaient les gages au failli. Or, grâce à l'acte exigé par l'ordonnance, les faillis ne pouvaient plus cacher à leurs créanciers les objets et marchandises donnés en gage ; car cette même ordonnance réputait receleurs tous ceux qui, munis d'objets appartenant au failli, ne présentaient pas d'actes de gage ; il était donc de l'intérêt des créanciers à ne pas dissimu-

1. *Traité du nantissement*, n° 116.

ler les constitutions de gage qui avaient eu lieu en leur
faveur.

Mais il paraît que, dans la pratique, on n'appliquait pas
cette ordonnance de 1673 dans toute sa rigueur, et que
l'on arriva à la considérer comme ne concernant que les
usuriers et les prêteurs de mauvaise foi.

D'ailleurs Jousse, en commentant les mots « prétendre
de privilège sur les gages » de l'article 8 précité, fait remarquer que l'article 8 ne s'applique que quand il y a conflit
entre le créancier nanti du gage et les autres créanciers ;
mais à l'égard de son débiteur, le créancier gagiste peut
retenir le gage jusqu'au paiement, malgré l'inobservation
de l'article 8, et il cite dans ce sens un arrêt du 27 janvier 1606, rapporté par Cambolas en ses décisions (liv. 4,
chap. 4).

Nous voyons l'ordonnance de 1673, appliquer au gage
le principe de la spécialité tel que le Code civil l'a établi
en matière hypothécaire ; en effet, elle exige que la
créance pour la garantie de laquelle le gage est constitué,
soit indiqué dans l'acte notarié, c'est la spécialité quant à
la créance garantie ; en outre, elle exige qu'on spécifie
dans le même acte les objets donnés en gage, c'est la
spécialité quant à l'objet grevé (Comparez art. 2148, C.
civ.).

Les rédacteurs du Code civil se sont inspirés de cette
ordonnance et des travaux de Jousse et de Pothier ; ce
qui résulte d'abord des travaux préparatoires, du rapport
fait au Tribunat par le tribun Gary dans la séance du
28 ventôse, an XII (1).

1. Locré, t. 16, p. 38 et 39.

« S'il ne s'agit, dit-il, que de l'effet que doit avoir la convention entre le créancier et le débiteur, les règles suivant lesquelles cette convention doit être établie, sont celles prescrites par la loi des contrats et des obligations conventionnelles en général. Mais si cette convention de gage doit être opposée à des tiers, si le détenteur du gage réclame, au préjudice de ces tiers, le privilège que la loi lui assure, il faut alors que la remise de ce gage, ou la convention dont elle est l'effet, aient une date certaine qui exclue toute idée de fraude et de collusion entre ce détenteur et le propriétaire du gage. »

Le texte des articles 2074 et 2075 Code civil confirme cette interprétation. En effet, ils nous parlent de « privilège », or, le créancier n'a intérêt à se prévaloir de son privilège qu'à l'égard des tiers (1).

Donc la convention de gage doit être envisagée, à un double point de vue, entre les parties et à l'égard des tiers.

a) Les parties, ce sont : le constituant du gage et le créancier gagiste. Il faut leur assimiler les héritiers ou successeurs universels. L'existence ou la validité du

---

1. Même les tiers ne pourraient plus invoquer l'inobservation de l'article 2075, par exemple, lorsque le contrat de gage, dans lequel les formalités prescrites par ce texte, n'avaient pas été observées, a produit son effet par la réalisation de l'objet du gage et le paiement du créancier gagiste. En effet, celui-ci n'a plus besoin alors d'invoquer son privilège contre les tiers et c'est seulement lorsqu'il l'invoque que ceux-ci peuvent se prévaloir contre lui de l'inobservation de l'article 2075, Code civil.

Dans ce sens, un arrêt de la Cour de cassation dans Dalloz, 58, 1, 238.

contrat étant mise en question, on se référera aux principes établis par les articles 1341 et suivants du Code civil pour les conventions en général.

A défaut d'acte écrit, on fera la preuve par témoins dans les cas où elle est admissible, enfin la preuve par l'aveu ou le serment sera toujours possible.

En matière commerciale, la preuve testimoniale est toujours admise, (art. 91 et 109 C. de commerce), par conséquent la preuve par présomptions aussi (art. 1353 C. civ.)

b) *Les tiers* : Le but de la convention de gage, comme il résulte de l'art. 2073 C. civ. est d'assurer au créancier gagiste, un privilège à l'égard des autres créanciers du débiteur commun ; en outre, pour être efficace, il faut que ce privilège ne puisse pas s'évanouir à la suite des droits que le constituant conférerait sur la chose engagée. Mais pour atteindre ce résultat, il est juste que ceux qui voudraient traiter avec le débiteur, de la chose engagée, soient mis à même, par un ensemble de mesures de publicité, de connaître la charge dont elle est grevée.

M. Laurent (1) donne du mot tiers une définition négative. Il dit « qu'il faut entendre par là, tous ceux qui ne figurent pas à l'acte, et qui ne représentent pas les parties contractantes comme héritiers ou successeurs universels; l'acte n'existe pas à leur égard tant qu'il n'a pas été rendu public. »

Parmi les personnes qui peuvent se prévaloir de l'absence des formalités requises, il faut citer en premier lieu,

1. *Droit civil*, 21, p. 196.

le débiteur de la créance engagée (si le gage porte sur une créance.) L'article 1691 dit expressément que le débiteur cédé peut se prévaloir du défaut de signification en cas de cession de créance, et il y a lieu d'appliquer *mutatis mutandis*, cet article en cas de mise en gage d'une créance car il y a identité de motifs.

Mais nous croyons que le débiteur de la créance engagée ne pourra se prévaloir que du défaut de signification de la mise en gage. Il ne pourra pas opposer au créancier gagiste, le non accomplissement de la formalité de l'article 2076 qui exige la mise en possession. En effet, il n'y a pas de raison pour rendre la saisine du créancier gagiste à l'égard du créancier de la créance engagée, plus difficile que celle du cessionnaire à l'égard du débiteur cédé ; or dans ce dernier cas l'article 1691 se borne à exiger que le transport de la créance ait été signifié au débiteur cédé, sans exiger en même temps la délivrance du titre. D'ailleurs il résulte de l'article 2076, qu'il n'exige la mise en possession que pour l'exercice du privilège, ce qui suppose un conflit avec ceux qui ont acquis des droits sur la même créance. Donc, à défaut de signification, le débiteur de la créance engagée peut valablement payer à son créancier, ou bien il pourra invoquer toute autre cause de libération. Il y a donc une question d'antériorité à régler ; le paiement, par exemple, a-t-il eu lieu avant la signification de la constitution de gage, il est valable. Rigoureusement et d'après l'article 1328 C. civ., la quittance qui constate le paiement devrait avoir date certaine avant la signification ; mais la jurisprudence admet pour raison d'utilité pratique que, même en absence de date certaine, la quittance est opposable.

En second lieu, il faut considérer comme tiers : *ceux qui
prétendent avoir acquis des droits sur la créance et les
ont conservés conformément aux lois*. C'est la formule,
employée par l'article 3 de la loi du 23 mars 1855, sur la
transcription en matière hypothécaire, pour désigner ceux
qui peuvent opposer le défaut de transcription.

Or la transcription, aussi bien que l'inscription et la signification (on peut ajouter pour le gage la mise en possession) sont autant de modes de publicité qui diffèrent seu'e-
ment dans la forme, selon la nature des éléments du patrimoine auxquels ils s'appliquent, mais qui poursuivent le
même but, et il est logique (étant donné que nous n'avons
pas de texte qui donne la signification du mot tiers en matière d'inscription des privilèges et hypothèques, ou de signification de cession de créances, ou en matière de gage) que ce soit dans tous les cas les mêmes personnes
qui puissent se prévaloir de l'inaccomplissement des formalités de publicité (1).

Il faut donc considérer comme tiers : 1° *un cessionnaire
de la créance* (nous prendrons pour plus de facilité une
créance comme exemple de chose incorporelle), pourvu

1. C'est dans ce sens que paraît se prononcer M. Colmet de Santerre t. 7 du *Droit civil* n° 137 bis IV, *in fine*. En effet il s'exprime dans
ces termes : Nous attribuons au mot tiers dans l'article 1690 (il s'agit
de la cession de créances, il faut évidemment dire la même chose pour
le nantissement) une acception un peu restreinte, et le législateur nous paraît avoir voulu dire quelque chose d'analogue à ce que
dit plus explicitement la loi de 1855 sur la transcription quand elle
confère le droit d'opposer le défaut de transcription seulement à ceux
qui ont des droits sur l'immeuble et les ont conservés conformément
aux lois.

que le cessionnaire ait eu soin de rendre lui-même son droit opposable par une signification (art. 1690, C. c.) avant que le créancier gagiste ait rempli les formalités prescrites par les articles 2075 et 2076 C. civ. ; 2° *un second créancier gagiste* qui a rempli, le premier, les formalités prescrites. Mais le droit du premier créancier gagiste n'est pas absolument inefficace, car, comme nous le verrons plus tard, il peut y avoir sur la même chose, la même créance par exemple, plusieurs constitutions successives de gage ; par conséquent le premier gagiste pourra, s'il remplit les formalités prescrites, acquérir un droit de gage de second rang ; 3° *Les créanciers du constituant du gage sont-ils* aussi des tiers ? Les créanciers sont des ayants-cause à titre universel de leur débiteur ; sans doute en vertu de l'art. 2093 C. civ. le patrimoine du débiteur leur sert de gage, mais c'est un droit de gage général qui laisse au débiteur, l'entière disposition des biens et ils sont obligés, en principe, de respecter ses actes, à moins qu'ils ne puissent se prévaloir de l'art. 1167 C. civ. c'est-à-dire attaquer un acte comme frauduleux.

Mais la qualité de *tiers* peut apparaître si, par suite de certains évènements, le créancier acquiert sur la créance qui a été l'objet du gage, un droit propre, parce que le constituant a perdu le droit de disposer de la créance à son détriment (1).

---

1. La doctrine de l'ancien droit est dans ce sens dans une matière analogue de la cession de créances. En effet Pothier (*Traité de la vente*, n° 156) dans les développements qu'il donne sur l'art. 108 de la coutume de Paris, attribue comme première conséquence au

Cette situation se réalise dans les cas suivants :

1er *cas*. — Lorsque la constitution de gage est faite *en fraude des droits des créanciers* (art. 1167 que nous avons cité). Le droit d'intenter l'action paulienne n'appartient qu'aux créanciers antérieurs à l'acte frauduleux. Seront considérés comme antérieurs, tous ceux qui ont traité avec le constituant avant l'accomplissement des formalités par le créancier gagiste même s'il ont traité après la convention de gage.

2e *cas*. — Lorsqu'un créancier du constituant a *fait saisie-arrêt sur la créance*. La saisie-arrêt a pour effet de rendre la créance saisie-arrêtée, indisponible. C'est ce qui résulte des articles 1242 et 1944 C. civ. C'est d'ailleurs une règle générale en matière de saisies, qu'elles ont pour effet de rendre la chose frappée de saisie, indisponible. (Cfr pour la saisie-immobilière les art. 684 et s. du Code de procédure).

Donc le saisissant est un *tiers*, et si les formalités prescrites n'ont pas été remplies par le créancier gagiste avant la saisie-arrêt, la constitution de gage n'est pas opposable au saisissant. Mais si, par l'effet de la saisie-arrêt, la créance est devenue indisponible, elle reste cependant dans le patrimoine du saisi. Si au lieu d'une constitution de gage, il y avait eu une cession de créance, on admet dans ce cas que la signification tardive de la cession vaut au moins comme une saisie-arrêt, d'où concours sur la

défaut de signification, le droit des créanciers du cédant de saisir-arrêter la créance cédée.

valeur de la créance entre le saisissant et le cessionnaire (1).

Mais quel est l'effet d'une signification tardive d'une constitution de gage? Faut-il dire qu'elle vaut saisie-arrêt comme en cas de cession ? Nous ne le croyons pas.

En effet, en cas de signification tardive de la cession, si la cession manque son effet translatif, (la saisie-arrêt ayant rendu la créance indisponible) il n'y en a pas moins une vente en elle-même valable. En vertu de cette vente le vendeur a assumé envers l'acheteur l'obligation de garantie et lui doit de dommages et intérêts en cas d'éviction (art. 1630 Code civil). Donc le cessionnaire est devenu créancier du vendeur, il a un droit de gage général et il peut pratiquer des saisies-arrêts comme tout créancier, et on admet précisément que la signification tardive qu'il a faite de sa cession, vaut au moins comme saisie-arrêt. Mais en cas d'une signification de constitution de gage qui a été précédée d'une saisie-arrêt, peut-on dire qu'il y a éviction ? Quel est le préjudice souffert par le créancier gagiste ? On ne peut pas le dire, car il n'y a pas de préjudice actuel. En effet ce n'est que lorsqu'à l'échéance de la dette, le créancier gagiste n'est pas payé, qu'il peut faire valoir son droit de gage. Une autre raison pour laquelle, à notre avis, on ne peut pas dire qu'il y a éviction, c'est qu'il n'y a pas incompatibilité entre une saisie-arrêt et une constitution de gage sur la même créance, comme il y en a une, entre une saisie-arrêt et cession de la même créance. En effet, tout le monde admet qu'il peut y avoir plusieurs

1. *Traité de procédure civile* de M. Garsonnet, t. III, n° 631.

constitutions de gage sur la même créance, de même que plusieurs saisies-arrêts, pourquoi ne pourrait-on pas concevoir une saisie-arrêt et un droit de gage sur la même créance ? Quant au conflit à régler entre le saisissant et le créancier gagiste, nous croyons que le premier passera avant le second sur la valeur de la créance. Sans doute lorsqu'il y a conflit entre un saisissant et un cessionnaire, on admet qu'il y a *concours* entre eux et qu'ils seront payés au marc le franc sur la valeur de la créance, car le cessionnaire, créancier des dommages et intérêts envers le cédant, est considéré comme un autre saisissant.

Mais lorsqu'il y a conflit entre le saisissant et le créancier gagiste, celui-ci n'est pas devenu créancier personnel du constituant, en vertu de la constitution de gage, car le gage ne lui confère qu'un droit réel, et il n'a pas non plus contre lui une créance de dommages et intérêts, car il n'y a pas préjudice actuel.

Mais, à notre avis, le créancier gagiste qui vient ainsi après le saisissant, n'est pas obligé de se contenter de son droit de gage, pour ainsi dire de second rang, qui peut ne plus être suffisant pour sûreté de sa créance.

Il pourra invoquer par analogie l'article 2131 Code civil qui statue en matière hypothécaire que lorsque l'immeuble grevé d'hypothèques est devenu insuffisant pour la sûreté du créancier, celui-ci pourra ou poursuivre dès à présent son remboursement ou obtenir un supplément d'hypothèque. Cet article, d'ailleurs, n'est qu'une application du principe contenu dans l'article 1188 Code civil.

Si nous supposons maintenant qu'après la saisie-arrêt, et la signification de la constitution de gage, il intervient une seconde saisie-arrêt, la situation se complique un peu, car entre les deux saisissants, il n'y a aucun droit de préférence, par conséquent, ils viendront en concours.

Mais nous avons dit précédemment que le créancier gagiste devait passer après le premier saisissant.

D'autre part, lorsqu'une créance a été régulièrement constituée en gage, elle ne sort pas pour cela du patrimoine du constituant. C'est ce que nous dit formellement l'article 2079 Code civil : jusqu'à l'expropriation du débiteur, s'il y a lieu, il reste *propriétaire* du gage, qui n'est, dans la main du créancier, qu'un dépôt assurant le privilège de celui-ci. Il résulte de là, nécessairement, que cette créance engagée, peut être frappée de saisie-arrêt. Mais cette saisie-arrêt, évidemment, ne pourra porter aucun préjudice au créancier gagiste, donc le droit du créancier gagiste passera avant.

Par conséquent, la situation se réglera de la manière suivante : sur la valeur de la créance, les trois intéressés viendront dans l'ordre suivant : premier saisissant, créancier gagiste, second saisissant. Puis, les deux saisissants partageront au marc-le-franc les parts qu'ils ont obtenues dans la première distribution (si dans celle-ci le second saisissant n'a pas été complètement désintéressé).

Nous arrivons au *troisième et dernier cas*, dans lequel, le créancier chirographaire devient tiers : c'est *lorsque le constituant est tombé en faillite*. Nous avons vu (art. 443, C. de com.) que le jugement déclaratif de faillite, emporte dessaisissement du failli, qui opère comme une main-mise sur les biens du failli, et doit produire le même effet qu'une saisie générale (1) au profit de la masse des créanciers (d'ailleurs le jugement déclaratif suspend les poursuites individuelles).

Nous avons ainsi terminé ce qui concerne les personnes qui peuvent se prévaloir de l'absence des formalités de publicité. Passons maintenant à l'étude des formalités elles-mêmes.

Les articles 2075 et 2076 C. civ. qui sont le siège de la matière sont conçus dans les termes suivants : article 2075 : « Le privilège énoncé sur l'article précédent ne s'établit sur les meubles incorporels, tels que les créances mobilières, que par acte public ou sous seing privé, aussi enregistré, et signifié au débiteur de la créance donnée en gage ».

Art. 2076. « Dans tous les cas, le privilège ne subsiste sur le gage qu'autant que ce gage a été mis et est resté en la possession du créancier, ou d'un tiers convenu entre les parties. »

Donc les formalités exigées par la loi pour l'efficacité du gage à l'égard des tiers sont les suivantes : un acte écrit, l'enregistrement, la signification de l'acte écrit, enfin la mise en possession. Nous allons les étudier successivement, d'abord par rapport au gage civil, puis nous allons voir dans quelle mesure ces formalités s'appliquent au gage commercial.

---

1. Voir MM. Lyon-Caen et Renault. *Précis*, t. II, n° 2720 et Guillouard. *Nantissement*, p. 125.

A. — *Gage civil.* — *Première formalité : Acte écrit.*

En comparant l'article 2075 à l'article 8 de l'ordonnance de 1673, on peut constater que le C. civ. a atténué à deux points de vue la rigueur de l'ordonnance. Celle-ci exigeait un « acte par devant notaires dont sera retenu minute » l'art. 2075 comme l'art. 2074 pour le gage des choses corporelles, laisse aux parties le choix entre un acte (notarié) public et un acte sous seing privé.

Cette option, comme le remarque, M. Guillouard, qui permet aux parties, d'éviter les frais de l'intervention d'un notaire, doit être approuvée : car les notaires ne peuvent communiquer les actes qu'ils dressent qu'aux parties qui y ont figuré, de sorte que les tiers ne peuvent connaître l'acte notarié, comme un acte sous-seing privé, que par l'enregistrement qui en est fait.

En second lieu, si l'article 2075 exige un acte public, il n'exige pas comme l'ordonnance que ce soit un acte notarié. De là M. Pont (1) conclut que l'acte notarié n'est plus aujourd'hui une condition nécessaire dans le cas de la constitution du gage en la forme authentique; tout acte d'une administration publique, en tant qu'il serait dressé dans le cercle de ses attributions administratives suffirait à l'accomplissement de la condition, car c'est là un acte public, un acte dès lors qui rentre dans les termes mêmes de la loi.

1. *Op. cit.*, t. II, n° 1088, *contrà* : Laurent, t. 28, n° 2449.

Pour justifier l'exigence de l'acte écrit, M. Laurent *loc. cit.* s'exprime ainsi : « on conçoit qu'il faille un acte puisque c'est par la voie de l'écrit que le créancier est mis en possession, et la possession est une condition essentielle de l'existence et de la conservation du privilège (art. 2076).

Il nous est impossible de comprendre cette justification : en effet lorsque l'article 2076 exige la mise en possession, il s'agit, comme nous le dit l'article lui-même, de la *possession du gage,* de la chose engagée, par exemple de la créance puisque nous étudions les choses incorporelles, et dans ce cas la créance étant un rapport de droit, une pure abstraction, il faut la matérialiser dans un écrit, remis au créancier gagiste et ainsi on satisfait à la prescription de l'article 2076.

Mais l'écrit dont parle l'article 2075 est le même que celui de l'article 2074; or ce dernier article nous dit que l'acte écrit contient la déclaration de la somme due ainsi que l'espèce et la nature des choses remises en gage ; donc cet écrit constate le contrat de gage intervenu entre les parties. Par conséquent il ne s'agit pas de la chose sur laquelle porte le droit de gage et dont la possession par le créancier gagiste est exigée par l'article 2076.

M. Guillouard (1), à son tour, explique la nécessité de l'acte écrit de la manière suivante : « Cette exigence se comprend très bien : puisque l'une des conditions de la validité du contrat de gage portant sur une créance, est la signification du contrat au débiteur cédé, il faut bien qu'il y ait un acte écrit, quel que soit l'intérêt en jeu.

---

1. Nantissement, p. 119.

Cet argument, à notre avis, n'est pas probant. En effet tous les auteurs sont d'accord pour admettre que les termes de l'article 1690 Code civil : *signification du transport, acceptation du transport*, indiquent clairement que le législateur, en parlant de transport, a eu en vue non l'acte instrumentaire qui constate la cession, mais la convention même de cession (*negotium juris*). (2) Et sur ce point, le Code civil diffère de la coutume de Paris dont l'article 108 qui correspond à l'article 1690 du Code civil, était conçu dans les termes suivants : un simple transport ne saisit point et faut signifier le transport à la partie, et *en bailler copie*. Or pour donner copie d'un acte, il faut que cet acte soit écrit.

Or, si l'on peut signifier la convention de cession, on ne voit pas pour quelle raison, on ne pourrait pas signifier la convention de gage. Donc l'exigence de l'acte écrit ne peut pas s'expliquer d'une manière satisfaisante, par la nécessité de la signification.

La véritable raison de cette exigence, est à notre avis, celle donnée par Jousse dans son commentaire sur l'ordonnance de 1673 pour expliquer les articles 8 et 9 de cette ordonnance. C'est pour empêcher qu'un débiteur de mauvaise foi ne simule un gage, de connivence avec un ami complaisant pour soustraire ainsi des biens à la poursuite de ses créanciers, ou bien pour l'empêcher de substituer un gage à un autre ou enfin qu'au moyen d'une antidate, il ne constitue, alors qu'il est en état d'insolvabilité, des gages au profit de certains créanciers, au dé-

1. Dans ce sens : Dalloz, 95, 1, 33.

triment des autres. Donc la pensée de la loi a été de prévenir la fraude comme il résulte des travaux préparatoires (1).

Pour répondre complètement à ce but, la formalité de l'acte écrit se complète avec celle de la date certaine qui empêche les antidates. Voilà pourquoi l'article 8 de l'ordonnance exigeait un acte notarié, et pour la même raison les articles 2074 et 2075 du Code civil parlent d'un acte public ou sous seing privé enregistré. Pour que la loi eût toute son efficacité il faudrait que les créanciers connussent l'état exact de la fortune de leur débiteur, afin que celui-ci ne fût pas tenté de leur soustraire une partie de ses biens par des gages fictifs. Ce n'est donc que lorsqu'ils sont au courant des constitutions de gage faites par leur débiteur, qu'ils peuvent vérifier si les formalités prescrites ont été remplies et le cas échéant, exercer, grâce à la date certaine, soit l'action paulienne de l'article 1167 Code civil, ou bien demander l'application des articles 446, 447 ou 443 Code de commerce s'il s'agit d'un débiteur commerçant déclaré en état de failli e. Une mesure qui, à notre avis, diminuerait les simulations de gage, serait celle prise par l'ordonnance de 1673 qui réputait réceleurs, tous ceux qui munis d'objets appartenant au failli, ne présentaient pas d'acte de gage.

De la comparaison des articles 2074 et 2075 C. civ. tous les auteurs sont d'accord pour conclure que l'art. 2075 ne reproduit pas l'exception admise par le second paragraphe de l'art. 2074, pour les contrats de gage dont la

____

1. Locré, t. XVI, p. 39.

matière n'excède pas 150 francs ; par conséquent dans le cas de gage constitué sur des meubles incorporels, spécialement sur une créance il faudrait un acte écrit, authentique ou ayant acquis date certaine, même en matière n'excédant pas 150 francs.

M. Colmet de Santerre, en particulier, pour prouver que le législateur n'a pas voulu reproduire dans l'art. 2075] la distinction de l'art. 2074, invoque la contexture de l'art. 2075, dans lequel le législateur a rapproché de la formalité de l'écrit celle de la notification qui n'est certainement pas soumise à la distinction fondée sur la valeur de l'objet et il est très difficile d'admettre que traitant de deux formalités dans la même phrase, il les ait soumises à deux régimes différents. Il ajoute : « On aperçoit d'ailleurs aisément pourquoi l'art. 2075 ne pouvait pas reproduire la distinction finale de l'art. 2074. Le code songeait à l'engagement des créances, il soumettait cet acte à la nécessité d'une signification c'est-à-dire à la règle de l'art. 1690 ; or, ce dernier article dérive de la coutume de Paris (art. 108) qui disait : il faut signifier le transport à la partie et en bailler copie. Pour donner copie d'un acte, il faut que cet acte soit écrit. »

Ce dernier argument, à notre avis, ne prouve rien, car comme nous l'avons démontré, l'art. 1690 du C. civil, à la différence de l'art. 108 de la coutume de Paris, se borne à exiger la signification du transport, c'est-à-dire, de la convention de cession, et non de l'acte instrumentaire qui constate la cession. M. Colmet de Santerre lui-même admet cette solution (1).

1. *Droit civil* par Demante continué par M. de Santerre, t. 7, § 136 bis, II.

Reste, par conséquent, l'argument tiré de la rédaction de l'art. 2075, et celui-là, il faut en convenir, semble être assez probant.

Cependant l'art. 2075 ne paraît pas conforme à la pensée du législateur telle qu'elle nous est révélée par les travaux préparatoires. En effet en lisant le rapport du tribun Gary on peut se demander si c'était vraiment l'intention du législateur d'établir cette différence entre le gage des choses corporelles et celui des choses incorporelles.

Le rapport commence en disant que toutes sortes de meubles corporels ou incorporels peuvent être donnés en gage. Puis lorsqu'il s'agit de la forme du contrat de gage il établit bien une distinction suivant qu'il s'agit de l'effet que doit avoir le contrat, entre les parties, ou à l'égard des tiers, mais non suivant que les choses données en gage sont corporelles ou non. En effet il dit sans faire aucune distinction : « voilà pourquoi le projet de loi veut que le privilège accordé au créancier saisi du gage n'ait lieu qu'autant qu'il y a un acte public, etc... Le projet de loi ne croit cependant pas devoir exiger ces formalités, lorsqu'il s'agit d'une *dette modique*. Nous voyons donc que le rapporteur parle de la dette garantie qui doit être modique, abstraction faite de la nature de la chose donnée en gage. Parlant spécialement d'une créance mobilière donnée en gage, il dit : il ne suffit pas pour que le privilège ait lieu de la date certaine de l'acte, etc..., nous voyons que le rapporteur a entendu se référer à ce qu'il venait de dire, aux formalités dont il venait de parler avec l'exception qu'il avait présentée, pour ajouter en ce qui concerne spécialement les créances, une nouvelle formalité : la signification. Or s'il avait voulu établir une différence entre les choses corporelles et incorporelles, c'est précisément ici qu'il aurait dû la formuler.

D'ailleurs, la distinction au point de vue de l'acte écrit, suivant qu'il s'agit de gage en matière excédant 150 francs, ou ne dépassant pas ce chiffre, se justifie encore mieux, à notre avis, lorsqu'il s'agit de créances, qu'en cas de choses corporelles.

En effet lorsqu'il s'agit du gage des choses corporelles, en matière n'excédant pas 150 francs, on justifie l'absence de l'acte écrit (et son enregistrement) en disant que l'intérêt des tiers que cette formalité devait sauvegarder est ici minime ; or en cas de gage d'une créance, l'intérêt des tiers, à empêcher toute tentative de fraude ou de collusion entre le détenteur et le propriétaire du gage, et que la date certaine est destinée à sauvegarder, cet intérêt, disons-nous, est garanti dans notre hypothèse, par la signification que le créancier gagiste doit faire au débiteur de la créance donnée en gage. En effet cette signification se fait par exploit d'huissier, acte authentique d'après l'article 1317 Code civil, dont la date est certaine. Or, comme nous l'avons vu, le créancier gagiste à le plus grand intérêt à signifier, le plus tôt possible, la constitution de gage pour rendre son droit opposable aux tiers. Par conséquent la date certaine qu'on ne peut obtenir, lorsqu'il s'agit du gage d'une chose corporelle, que par un acte notarié ou par l'enregistrement de l'acte sous seing privé, pourrait être, à notre avis, obtenue d'une manière plus simple et moins coûteuse, dans le cas de

gage d'une créance ; la date certaine serait celle de la signification.

Logiquement nous sommes amenés à décider que lorsqu'il s'agit de la mise en gage des créances, la formalité
de l'acte public ou sous seing privé, pourrait être supprimée et qu'on pourrait se contenter de la signification de la
convention de gage, qui contiendrait l'énociation de la dette
pour la garantie de laquelle le gage est intervenu.

C'est dans ce sens et sans se borner à la mise en gage
des créances que se prononce le Code civil allemand, qui
n'exige pas d'acte public ou sous seing privé enregistré,
qu'il s'agisse de la mise en gage de choses corporelles ou
incorporelles. Voir les articles 1205 pour l'engagement
des choses corporelles et 1273 et 1274 pour l'engagement
des choses incorporelles.

Nous avons vu que le Code civil français exige pour que
le créancier gagiste puisse invoquer son privilège, qu'il y
ait un acte public ou sous seing privé enregistré, et nous
avons dit que l'enregistrement est exigé pour donner date
certaine au contrat de gage. Or il résulte de l'article 1328
du Code civil qu'il y a encore d'autres moyens pour donner date certaine à un acte sous seing privé.

Faut-il étendre l'application de cet article au gage et
dire que le législateur en parlant de l'enregistrement dans
les articles 2074 et 2075, a eu en vue le *plerumque fit*, et
qu'il n'a pas entendu pour cela exclure les deux autres
moyens indiqués par l'article 1328 ?

Au point de vue rationnel, en effet, on ne voit aucune
raison pour distinguer et presque tous les auteurs admettent l'extension de l'article 1328 à notre matière. M. Lau-

rent seul s'en tient à la lettre de la loi, et n'admet que l'enregistrement comme seul mode de donner date certaine, en disant qu'en matière de privilèges, tout doit être interprété strictement.

Une discussion analogue s'élève à propos de la signification, dont nous allons parler, pour savoir si cette formalité peut être remplacée, lorsqu'il s'agit du gage des créances, par l'acceptation dans un acte authentique, que l'article 1690 Code civil considère comme équivalant, au point de vue de la publicité, à la signification, en matière de cession de créances.

2e *Formalité*: *la Signification*.

La seconde formalité prescrite par l'article 2075 Code civil pour que le privilège résultant du contrat de gage puisse être exercé, est que l'acte de gage soit signifié au débiteur de la créance engagée. Cette signification a un double but : d'abord elle est établie dans l'intérêt du créancier gagiste lui-même, pour empêcher que la sûreté constituée à son profit, ne vienne à s'évanouir par le fait du débiteur de la créance engagée, qui n'étant pas informé de la constitution de gage, dont la créance a été l'objet paierait valablement entre les mains de son créancier, au détriment du gagiste.

Ce rôle de la signification est indiqué expressément pour la cession de créances, dans l'article 1691 Code civil qui s'exprime ainsi : si, avant que le cédant ou le cessionnaire eût signifié le transport au débiteur, celui-ci avait payé le cédant, il sera valablement libéré.

L'article 2075 parlant de la formalité de la signification, et n'indiquant pas spécialement les personnes qui auraient le droit de se prévaloir de son absence, il faut admettre que le législateur a entendu se référer à ce qu'il avait dit pour le cas de cession de créances.

Faut-il dire que l'article 1691 est l'application de l'article 1240 Code civil, et que par conséquent il faut que le paiement fait par le débiteur de la créance engagée à son créancier le soit de bonne foi, pour être libératoire à l'égard du créancier gagiste ? Il résulterait de là que *même en absence de toute signification, la connaissance personnelle du débiteur* que la créance a été donnée en gage, le constituerait de mauvaise foi, et par conséquent le paiement qu'il ferait ne serait pas valable. Nous ne croyons pas cette solution exacte, car l'article 1691, dit d'une manière absolue, que le paiement fait par le débiteur cédé, au cédant, avant la signification de la cession est valable.

D'ailleurs cette question est plus générale, car elle se pose pour tous les modes de publicité (signification, transcription, etc.), et à l'égard de tous ceux qui sont des tiers. Nous croyons qu'il faut donner la même solution que l'article 1691 C. civil.

En effet, un bon système de publicité doit se suffire à lui-même ; là où la formalité prescrite n'a pas été remplie, l'acte est légalement ignoré, de même que si elle est remplie, l'acte est censé connu par tous. La bonne ou mauvaise foi est indifférente car un acte n'est légalement opposable aux tiers, que s'il a été fait selon les formes légales. Comme le dit très bien M. Léon Michel, il n'y a pas mauvaise foi à se conformer à la loi. La solution contraire aurait d'ailleurs ce grand inconvénient, que, dans chaque cas particulier, il y aurait une question de fait à examiner, si le tiers a été de bonne ou de mauvaise foi, ce que la formalité légale a pour but d'éviter.

D'après le Code civil allemand, articles 398, 407 et 408, lorsqu'il s'agit d'une *cession de créance à personne dénommée*, la simple convention suffit ; la signification n'est pas prescrite légalement, comme par le Code civil français, de sorte que le débiteur cédé peut payer valablement à son ancien créancier, à moins qu'il n'ait connu la cession au moment du paiement, ce qui fait, comme nous l'avons dit, que tout se ramène à une question de fait et il en résultera des procès inévitables.

Au contraire lorsqu'il s'agit *du gage d'une créance à personne dénommée*, l'article 1280 décide, que le gage n'est efficace que si le créancier gagiste signifie la mise en gage au débiteur de la créance engagée.

Nous ne voyons pas quelle peut être la raison de cette différence entre le cas de cession et celui de gage d'une créance, étant donné que dans les deux cas, l'intérêt des tiers, que la signification a pour but de sauvegarder, est le même.

Nous avons dit que la signification est d'abord établie dans l'intérêt du créancier gagiste. Ce but est entièrement atteint ; car grâce à l'avertissement formel qu'il reçoit, le tiers débiteur est lié au contrat ; il ne peut plus l'ignorer et le méconnaître.

En *second lieu*, la signification fonctionne comme *mesure de publicité*, pour porter à la connaissance des tiers le contrat intervenu. Le législateur suppose que les tiers avant de se faire concéder un droit sur la créance, par le créancier, iront s'informer auprès du débiteur et lui demanderont si la créance dont il s'agit n'a pas été déjà cédée ou donnée en gage à un autre créancier. C'est dans ce but que le législateur centralise pour ainsi dire, chez le débiteur, tous les renseignements utiles à la négociation de la créance et il charge comme dit M. Mourlon, le débiteur à remplir les fonctions d'un conservateur des hypothèques. A ce point de vue, la signification remplit-elle son but ? Tous les auteurs sont d'accord pour reconnaître que la signification est tout à fait insuffisante comme mesure de publicité à l'égard des tiers, et voici comment s'exprime sur ce point M. Huc (1) : » On peut d'abord supposer que le débiteur, interrogé s'il a déjà reçu une signification réponde négativement quoiqu'il ait cependant reçu notification d'une cession déjà faite (ou d'une constitution de gage). Mais le cas se produira rarement, car en agissant ainsi, le débiteur engagerait sa responsabilité envers celui qui l'aurait trompé (art. 1382 Code civil). Mais il peut arriver que le débiteur interpellé, ne veuille pas répondre ou réponde d'une manière évasive ou même ne puisse pas répondre du tout. Le débiteur actuel, peut, en effet, être absent, en état d'interdiction ou de minorité, représenté par un tuteur non au courant de ce qui s'est passé, et qui n'a pas trouvé dans les papiers de son pupille, la copie de l'exploit de notification.

1. *Transmission et cession des créances*, t. 1, p. 430.

Il peut se faire encore que le débiteur décédé soit représenté par un héritier se trouvant dans la même situation que le tuteur dont on vient de parler. Enfin si le débiteur répond qu'il n'a reçu notification d'aucun transport, quoique cette réponse soit conforme à la vérité au moment même où elle est faite, rien ne donne à l'intéressé, qui se croit informé, l'assurance que la notification d'une cession déjà faite n'arrivera pas entre les mains du débiteur, quelques heures ou très peu de temps après qu'il lui aura parlé. Ajoutons que la mise en pratique des informations dont nous venons de parler suppose que le cédant, le cédé, et le cessionnaire, résident dans la même région, et qu'ils ont toute facilité pour entrer en relation ; mais s'ils habitent loin l'un de l'autre et que l'affaire doive se traiter par correspondance, il est aisé de comprendre combien il sera difficile à l'intéressé d'être renseigné sur une situation qui peut changer à chaque instant par la survenance inopinée d'une signification de transport, entre les mains du débiteur. Il suit de là que la prétendue publicité organisée par l'article 1690 Code civil n'est qu'apparente et ne donne aucune garantie sérieuse aux intérêts qu'elle prétend sauvegarder.

Et M. Huc termine en préconisant le système adopté par le Code civil allemand qui admet que la créance se transfère même à l'égard des tiers par le seul consentement.

Nous croyons que ces critiques sont un peu exagérées.

D'abord le cas où le débiteur interpellé ne voudra pas répondre, sera rare en pratique, car on ne voit pas quel intérêt le débiteur aurait à cacher la vérité, à ne pas dire si oui ou non la créance dont il est débiteur, a été déjà l'objet d'une cession ou d'une constitution de gage, dont il ait reçu connaissance par la signification ou acceptation.

On invoque l'hypothèse où le débiteur ne pourra pas répondre, s'il est en état d'interdiction ou de minorité ; mais dans ces cas, le tuteur, représentant légal de l'incapable sera le plus souvent au courant de la situation ; en effet il y a le plus grand intérêt à ce qu'il le fût, car s'il ignorait la cession ou constitution de gage dont la créance a été l'objet, il pourrait acquitter la dette de l'incapable entre les mains du cédant ou du constituant, et alors il s'exposerait à payer une seconde fois au cessionnaire ou créancier gagiste, par conséquent le tuteur encourrait une responsabilité personnelle pour négligence dans son administration.

Donc, à moins de perte par cas fortuit de la copie de l'exploit de notification, avant son entrée en gestion, le tuteur sera toujours au courant. Nous en dirons autant de l'héritier du débiteur décédé, car son intérêt personnel est en jeu.

Quant à l'objection qui consiste à dire que même s'il n'y a pas eu encore signification au moment où le tiers s'est informé auprès du débiteur, elle peut survenir *immédiatement après*, cette objection est sans doute fondée, mais M. Huc oublie que cette imperfection n'est pas spéciale à la signification et qu'elle se retrouve dans tous les autres systèmes de publicité ; en effet n'en est-il pas de même en cas de revente frauduleuse consentie par le vendeur (d'un immeuble) dans le temps qui sépare la conclusion de la vente et sa relation sur les régistres ? Il n'y aurait, à notre avis, qu'à appliquer ce que M. Massigli proposait dans un rapport présenté par lui au nom du comité de rédaction et d'études et de la sous-commission juridique nommés par la commission extra-parlementaire du cadastre, c'est-à-dire, à réprimer par une sanction pénale les manœuvres déloyales et l'espèce d'escroquerie qui peuvent se produire à l'abri de la règle de la publicité.

M. Huc propose d'abandonner le mode de publicité de l'art. 1690 et d'adopter le principe du Code civil allemand d'une cession parfaite à l'égard de tous en vertu de la seule convention comme dans le droit romain.

Mais le Code civil allemand a été obligé d'apporter deux restrictions importantes au principe posé. En ce qui concerne d'abord le *débiteur de la créance cédée*, l'article 407 du Code civil allemand déclare que les actes faits de bonne foi par le débiteur avec le créancier originaire avant qu'il ait connaissance de la cession sont opposables au cessionnaire. Et à ce point de vue, comme nous l'avons dit, et comme le remarque très bien M. Saleilles (1), le système du Code civil français est préférable qui établit une présomption légale irréfragable, fondée sur l'accomplissement d'un acte de publicité, la signification au débiteur, tandis que le Code civil allemand s'attache à *l'ignorance réelle* (par le débiteur, de la cession) et non pas seulement à l'ignorance présumée, de sorte que même à défaut de notification, s'il est prouvé que le débiteur a

____

1. *Théorie générale des obligations* d'après le projet du Code civil allemand n° 93, 95 et 100.

connu la cession, les actes passés entre lui et le créancier primitif sont inopposables au cessionnaire, ce qu
donne lieu dans la pratique, à des incertitudes et des difficultés sur le point de savoir si le débiteur était de bonne
ou mauvaise foi.

La seconde restriction établie par le Code civil est la
suivante : *à l'égard des tiers* il n'y a aucune mesure de
publicité destinée à régler le conflit entre cessionnaires
tenant leurs droits du même créancier ; la notification
n'est pas faite, comme en droit français, pour trancher
entre eux la question de priorité ; donc le conflit entre
cessionnaires se règlera par la *question de date des cessions* ; la *seule cession valable*, même à l'égard des tiers,
sera *la première en date*. Mais ici, encore, pour protéger la bonne foi du débiteur, l'article 408 décide que si
une créance qui a été déjà cédée, l'est encore une seconde fois par le créancier primitif, les actes faits de bonne
foi par le débiteur avec le second cessionnaire sont opposables au premier cessionnaire. Nous voyons donc que le
Code civil allemand ne protège que le débiteur de bonne
foi, et qu'il ne prend aucune mesure de publicité pour
garantir les autres intéressés contre les surprises et la
fraude possibles. Or nous croyons que mieux vaut encore une publicité imparfaite, telle qu'elle résulte de la signification que l'absence de toute publicité.

D'ailleurs, il y a un cas où le Code civil allemand revient au principe de la publicité ; en effet il résulte de
l'article 1154 qu'en cas de cession de créance hypothécaire, l'inscription de cette cession sur le registre foncier
est exigée non seulement pour permettre au cessionnaire

de faire valoir l'hypothèque, mais pour la validité de la cession elle-même, ce qui, soit dit en passant, n'est pas bien en harmonie avec le principe de la cession parfaite *solo consensu*. La loi hypothécaire belge a une disposition analogue, car dans son article 5 elle exige une inscription sur les registres du conservateur des hypothèques, pour les cessions de créances qui sont garanties par un privilège ou une hypothèque.

Mais si le code civil allemand ne prescrit pas la signification, pour *l'efficacité d'une cession de créances*, à l'égard des tiers, en revanche lorsqu'il s'agit d'une *mise en gage d'une créance à personne* dénommée, l'article 1280 exige la signification pour l'efficacité du gage, et ainsi revient au système du Code civil français.

M. Guillouard trouve aussi la signification tout à fait insuffisante pour avertir les tiers et il propose de la remplacer par un autre système de publicité. Il faut donner, dit-il, la préférence, en législation, au système de l'inscription des contrats de gage sur un registre spécial et public, analogue à l'institution de la *Pfandverschreibung* du canton de Zurich. Lorsqu'il s'agit du gage constitué sur des créances, soit nominatives, soit au porteur, l'inscription du gage sur un registre spécial et public constitue une publicité beaucoup plus sérieuse et plus pratique que celle qui résulte de l'accomplissement des formalités de l'article 2074 code civil pour les valeurs au porteur, et de celles de l'article 2075 pour les valeurs nominatives. Aussi, à notre avis, continue M. Guillouard, voici quel serait le système le meilleur en législation : pour les contrats de gage dont l'objet serait d'une valeur minime, on maintiendrait la *tradition*, comme moyen d'approprier le créancier, de manière à éviter aux parties les frais et les déplacements que pourrait entraîner le système de l'inscription ; mais lorsque l'objet du gage aurait une certaine importance et surtout lorsqu'il s'agirait de donner des créances en gage, la mise en possession serait remplacée par *l'inscription* du contrat sur un registre spécial et public ; et il faudrait tâcher que sa tenue fût cantonale comme l'est d'ailleurs la tenue des actes de l'enregistrement, dans le but d'éviter aux parties des déplacements trop coûteux.

Le tort de ce système, à notre avis, est de vouloir assimiler les créances à des immeubles, biens fixes. Or la nature même du droit de créance, répugne à une pareille assimilation, car la créance est un rapport de droit, une pure conception de l'esprit, qui n'a pas de situation comme un immeuble.

Supposons même pour un instant qu'une disposition de loi localise fictivement la créance, soit au domicile du constituant du gage, ou du débiteur de la créance mise en gage, ou du créancier gagiste ou de son débiteur. C'est dans le canton du domicile désigné, comme le propose M. Guillouard, que le contrat de gage devra être inscrit sur un registre à ce destiné : mais il se peut que la personne change de domicile et alors on peut se demander comment les tiers pourront-ils savoir si la créance, à propos de laquelle ils veulent traiter, a été déjà l'objet d'un contrat de gage, par exemple ? Nous voyons donc que ce système donnerait lieu dans la pratique, à des difficultés inextricables.

Cerban 7

M. Guillouard nous cite comme exemple d'une institution analogue la *Pfandverschreibung* qui existe dans le droit du canton de Zurich. En effet, d'après cette législation, le créancier est à même d'acquérir sur certains objets mobiliers et spécialement sur des têtes de bétail appartenant au débiteur, un droit de gage tout idéal, et aussi dépourvu de saisine que l'est l'hypothèque en matière immobilière. Ce droit se crée au moyen d'une inscription détaillée, prise avec l'autorisation du président du tribunal, sur un registre public et spécial, le *Pfandbuch*, et désignant l'animal avec assez de précision pour qu'il n'y ait aucun doute sur son identité.

Le gage reste entre les mains du débiteur, à titre de dépôt (*anvertrautes Gut*) celui-ci ne peut ni l'aliéner, ni le détériorer. Le droit de gage est limité tout d'abord à une durée de deux ans à partir de l'autorisation judiciaire ; mais avant l'expiration de ce délai, il peut être renouvelé pour deux autres années sur la simple demande du créancier (1).

D'après l'ancien article 878 du code de Zurich, *même des créances* pouvaient être données en gage par l'inscription sur le *Pfandbuch* et même sans que le débiteur en fût averti et avant qu'il le fût. Mais, l'article ajoute, si dans ce cas le débiteur paie à son créancier la dette est éteinte et le créancier gagiste n'a aucun droit contre lui. De même si le constituant aliène la créance après l'avoir constituée en gage et que le débiteur de la créance engagée, ignorant la constitution de gage, paie au ces-

1. Voyez Lehr. Traité élémentaire de droit civil germanique, n° 585, p. 414.

sionnaire, il est libéré, et le créancier gagiste n'a plus de gage.

Si une créance, qui a été d'abord donnée en gage au moyen d'une inscription, est ensuite *remise* à titre de gage à un autre créancier, pour régler le rang de ces deux droits de gage, l'ancien article 863 faisait d'abord une distinction suivant qu'il s'agissait d'une créance incorporée dans un titre ou non. Dans le premier cas, par un titre au porteur, même la *remise en gage ultérieure* était préférée à *l'inscription du gage plus ancienne*. Dans le second cas, le code de Zurich faisait des sous-distinctions.

De tout ceci, il résulte, comme le remarque très bien M. Bluntschlà, le rédacteur du code de Zurich, que cette espèce de gage au moyen d'une inscription offrait très peu de sécurité au créancier gagiste.

Voilà comment on peut exppliquer, pourquoi lors de la rédaction du code fédéral des obligations, lorsqu'il s'est agi de réglementer la matière du gage, le législateur suisse ne s'est pas du tout inspiré de la législation spéciale du canton de Zurich, puisqu'au lieu de l'étendre à tous les cantons suisses, il a, au contraire, restreint, cette espèce de gage sans déplacement, même dans le canton de Zurich, *aux têtes de bétail seulement*, et cette exception peut s'expliquer, par la pensée de favoriser le crédit agricole car si on exigeait ici la mise en possession, l'exploitation du fonds serait paralysée, et le paysan, privé de son unique capital, le bétail, n'aurait pas de quoi vivre et payer sa dette.

Spécialement en ce qui concerne la mise en gage des créances, l'art. 215 du code fédéral des obligations s'exprime ainsi : *le gage qui a pour objet une créance* (autre que les titres au porteur, effets de change ou autres titres transmissibles par endossement) *est constitué seulement lorsque le débiteur en a été avisé, que le titre de la créance, s'il en existe un, a été remis au créancier gagiste et que l'engagement a été constaté par écrit.* Ce sont en somme les formalités prescrites par l'art. 2075 et 2076 Code civil français.

Cette disposition est d'autant plus remarquable qu'à la différence du Code civil français, le Code fédéral des obligations admet que la validité d'une *cession de créance* n'est soumise à aucune condition de forme, sauf que le transport n'est opposable aux tiers, notamment en cas de faillite du cédant, que s'il est constaté par un acte écrit (probablement pour donner date certaine). Mais à ce principe d'une cession parfaite *solo consensu*, le Code fédéral a été obligé d'apporter les deux tempéraments suivants de l'article 187 dans l'intérêt du débiteur de la créance cédée : le débiteur est valablement libéré si avant que la cession ait été portée à sa connaissance par le cédant ou le cessionnaire, il paie de bonne foi, entre les mains du créancier primitif, ou en cas de cessions multiples, entre les mains d'un cessionnaire auquel un autre a le droit d'être préféré. Le principe et les tempéraments, ont été, comme nous l'avons vu, littéralement reproduits par le Code civil allemand dans les articles 398, 407 et 408.

Pour revenir à la matière du gage, nous pouvons donc conclure que l'inscription, à elle seule, comme le propose M. Guillouard, ne répond pas, au moins lorsqu'il s'agit

de créances, pour lesquelles M. Guillouard préconise surtout ce système, aux exigences d'un bon système de publicité.

La signification prescrite par l'article 2075 Code civil
est-elle rigoureusement exigée ? Ne peut-elle pas être
suppléée par l'acceptation du débiteur dans un acte authentique, formalité admise comme équivalente pour les cessions de créances par l'article 1690 Code civil ?

La doctrine répond en général affirmativement, mais la
jurisprudence à laquelle se rallie M. Laurent tient pour
la négative et voici dans quels termes M. Laurent résume
les arguments fournis par les arrêts : c'est, dit-il, pour
empêcher les fraudes au préjudice des tiers que la loi
exige la signification ; elle veut que le créancier gagiste
se saisisse ostensiblement et directement du gage, en si-
gnifiant l'acte au débiteur de la créance. La signification
est une condition essentielle pour l'existence du privilège ;
or en matière de privilèges tout est de rigueur ; l'interprète ne peut pas admettre de formalité équipollente à
celle que la loi prescrit. Le Code veut la signification, il
ne reproduit pas, en matière de nantissement, la disposition de l'article 1690 qui permet au cessionnaire de se
saisir, à l'égard des tiers, par l'acceptation du débiteur ;
cela est décisif (1).

Cette solution est certainement empreinte d'un forma-
lisme rigoureux, mais on peut se demander si la solution
contraire admise par la majorité des auteurs n'est pas
plus rationnelle que juridique. Sans doute, au point de

1. Voir dans le sens de l'interprétation restrictive note de M. Lyon-
Caen, *Sirey*. 82 II p. 26.

vue rationnel, on ne voit pas pourquoi on ferait une distinction entre les formalités requises pour la cession et
celles requises pour la mise en gage d'une créance, d'autant plus que les articles 1690 et 2075 Code civil procè-
dent de la même pensée et tendent au même but : saisir
le cessionnaire ou le créancier gagiste à l'égard des tiers,
par la publicité donnée à la cession ou au contrat de gage.
Or, à ce point de vue, il est certain que l'acceptation par
acte authentique vaut avantageusement la signification,
car le débiteur est aussi bien, sinon mieux, averti par un
acte auquel il concourt que par un acte qui lui est notifié
et il peut renseigner dans un cas comme dans l'autre, les
tiers intéressés à connaître la constitution de gage.

Cependant il faut remarquer que l'acceptation par le
débiteur ne présente pas pour le créancier gagiste le
même avantage qu'il présenterait pour le cessionnaire.
En effet l'article 1295 Code civil, qui refuse au débiteur
le droit de se prévaloir de la compensation lorsqu'il a
accepté purement et simplement, ne prévoit que le cas
de cession de créances, et c'est un texte exceptionnel,
qu'on ne peut pas étendre par analogie car il édicte une
déchéance ; en outre il n'y a pas même raison de décider, en effet en cas de cession, la créance passe du cédant au cessionnaire, et on comprend que le débiteur
cédé ne puisse invoquer vis-à-vis du cessionnaire une
créance qu'il a contre le cédant ; mais lorsqu'une créance est constituée en gage, le constituant du gage reste
titulaire de la créance, par conséquent la compensation
sera opposable au créancier gagiste.

La signification se fait dans la forme ordinaire des exploits, car il n'y a aucune formalité spéciale prescrite par le Code.

L'effet de la signification est d'établir désormais un lien entre le créancier gagiste et le débiteur de la créance donnée en gage ; le créancier gagiste acquiert donc à l'égard des tiers *un droit propre sur la créance engagée*, il devient par conséquent un tiers dans le sens de l'art. 1328 C. civil. La conclusion logique serait que les actes intervenus entre le débiteur et son propre créancier, spécialement les quittances ne fussent opposables au gagiste, qu'autant qu'elles auraient date certaine antérieure à la signification. Cependant la jurisprudence admet, en faveur de ces sortes d'actes, comme nous l'avons vu, une exception à la règle. C'était déjà la pratique de l'ancien droit, au dire de Bourjou.

La loi ne prescrit aucun délai, pas plus pour la signification de l'acte de gage que pour son enregistrement ; le créancier pourra donc le faire quand bon lui semblera, mais il a intérêt à faire signifier le plus vite possible, car, comme nous l'avons déjà dit, son privilège n'existe qu'à partir de la signification. Nous avons dit précédemment qu'une saisie-arrêt sur la créance engagée donnait au créancier saisissant la qualité du tiers, et par conséquent le droit de se prévaloir du défaut de signification. Différents arrêts ont essayé d'assimiler à la saisie-arrêt, l'opposition faite en vertu de l'art. 882, par les créanciers d'un héritier, ou même une *simple demande en liquidation* et partage de la masse héréditaire (1). Pour justifier cette

1. Sirey, 32, 600, et 16. 1. 444.

solution, l'arrêt de la Cour royale d'Orléans du 29 mai 1845, réformant le jugement en sens contraire du tribunal d'Orléans, invoquait comme argument qu'une opposition à partage conformément à l'art. 882 C. civ. a pour objet de frapper d'indisponibilité au profit des créanciers opposants toutes les valeurs de la succession ; qu'une demande en partage de la succession elle-même, intentée par les créanciers d'un hérétier, doit nécessairement produire le même résultat ; qu'en effet elle révèle aussi clairement et plus clairement qu'une opposition, les prétentions du créancier sur la part revenant à son débiteur ; elle l'a mise de même. que l'opposition. sous la main de la justice, de telle sorte quelle ne peut plus être par lui, cédée, transportée ou donnée en gage, hors la présence et le consentement du créancier poursuivant ; que s'il en était autrement, la demande en partage quoique formellement permise à celui-ci du chef de son débiteur, deviendrait pour lui un droit sans utilité. Le pourvoi, formé contre l'arrêt, a été rejeté par la Cour de cassation. Nous croyons que l'arrêt s'est mépris sur la nature du droit conféré par l'art. 882 aux créanciers d'un héritier. En leur donnant le droit de s'opposer à ce que le partage de la masse héréditaire, entre les différents ayants-droit, n'ait lieu hors de leur présence, l'art. 882 a voulu uniquement donner aux créanciers d'un héritier, le moyen de prévenir, comme il le dit lui-même, les fraudes que les cohéritiers seraient tentés de commettre dans la composition des lots. De même, lorsque le créancier d'un cohéritier intente une action en partage de la succession, il ne fait que se substituer à son débiteur dans une action relative

à une généralité de biens (1) d'où la conséquence, qu'à
l'exemple de son débiteur, il devra respecter tous les
droits auparavant acquis sur cette généralité de biens, car
il n'agit qu'en vertu de l'art. 1166 C. civ. qui permet au
créancier d'exercer tous les droits et actions de son débiteur et non en vertu de l'art. 1167 qui lui permet d'agir
de son chef (2).

Maintenant que nous savons en quoi consiste la signification, et à l'égard de qui elle est exigée, voyons quelle
est *sa sphère d'application.* A ce point de vue, en exami-
nant attentivement l'article 2075 Code civil, on voit que la
première partie de l'article est générale, car elle vise tous
les meubles incorporels ; la phrase incidente parle de
créances mobilières à titre d'exemple, et la fin de l'article qui énumère les formalités à remplir pour la constitution du privilège, paraît se référer à tous les meubles incorporels. Or, parmi les formalités prescrites, nous avons vu qu'il
y a aussi celle de la signification. Il n'y a pas de difficulté
à la remplir lorsqu'il s'agit d'une créance, il y a alors un
débiteur, à qui la signification pourra et devra être faite.
Mais tous les meubles incorporels ne sont pas des créances ; il en est ainsi de tous les droits réels mobiliers tels
que l'usufruit d'un meuble, un brevet d'invention, etc.,
dans ces cas, on voit bien qu'il sera nécessaire et possible

---

1. Cette demande en partage n'a pas pour effet de frapper d'indisponibilité la part héréditaire du cohéritier débiteur, mais seulement
de déterminer cette part.

2. Dans ce sens Troplong : *Du nantissement* n° 472, Pont, *Petits
contrats* t. II n° 411, Guillouard *Nantissement* p. 124 n° 117.

de rédiger un acte public ou sous seing privé enregistré, mais il n'y a pas de débiteur, donc la signification devient impossible. Qu'en faut-il conclure? D'après M. Colmet de Santerre (1), la signification dans ces hypothèses ne serait pas nécessaire et il cherche à établir d'une manière très ingénieuse que la construction de l'article 2075 Code civil implique que le législateur a d'abord posé une règle générale pour toutes les choses incorporelles en y comprenant les engagements de créances, et qu'il a terminée par cette idée : il faut en plus, quand l'objet du contrat de gage est une créance, que l'acte soit signifié au débiteur de la créance donnée en gage. La vérité, à notre avis, est que lorsque le législateur, paraît vouloir établir, dans l'article 2075, une règle générale pour tous les meubles incorporels, en réalité il n'a pensé qu'aux créances, parce que c'étaient les seuls meubles incorporels, dont l'engagement ait été pratiqué, à l'époque de la rédaction du Code, et parce que cela résulte des travaux préparatoires (2), où il s'agit toujours d'une créance mobilière. Donc en réalité, il y a une lacune dans la loi; le législateur aurait dû organiser un système de publicité qui fût applicable à tous les droits, réels ou personnels.

La signification, ne pouvant avoir lieu lorsqu'il s'agit de la mise en gage d'un droit réel, la doctrine et la jurisprudence pour ne pas rendre impossible l'engagement de toute une catégorie de droits compris dans la formule

1. *Droit civil* de Demante, continué par M. de Santerre, t. 8, n° 301 *bis* II.

2. Locré, t. 16, p. 39.

générale de l'article 2075, ont tourné la difficulté, en décidant que le créancier gagiste aurait un privilège sans devoir faire une signification (1). *Nous conclurons donc en disant que l'article 2075* (quant à la signification) *doit s'appliquer à toutes les créances et qu'il ne s'appliquera pas aux droits réels mobiliers.*

Nous disons d'abord que l'article 2075 doit s'appliquer à toutes les créances. Cependant, on admet généralement une exception en ce qui concerne les *valeurs au porteur.* La question a de l'importance parce que d'une part la pratique des avances sur titre a pris un développment considérable et que d'autre part les titres au porteur jouent un rôle de plus en plus grand dans la fortune des particuliers. Aussi cette question est-elle très controversée. Trois systèmes peuvent être soutenus et ont été, en effet, soutenus : l'un, d'après lequel le gage peut être constitué en titres au porteur, par *la simple tradition*, sans aucune autre formalité ; l'autre qui applique l'article 2074 Code civil aux valeurs au porteur *comme aux meubles corporels ;* un troisième enfin qui applique l'article 2075, *relatif à la dation en gage des créances* .

Dans le *premier système* on dit : L'article 2074 Code civil est étranger aux valeurs au porteur. En effet, il résulte des termes qu'il emploie à propos des choses données en gage « qualté, poids et mesure » qu'il ne

1. Dans ce sens MM. Aubry et Rau, t. 4, p. 705 et 432. Pont, *Petits contrats*, t. II, n° 1107. Laurent, *Droit civil*, t. 28, n° 465. La jurisprudence a adopté cette solution dans un arrêt de la Cour de Paris du 29 août 1865 (Sirey, 66, 2, 24, Dalloz, 65, 2, 231), il s'agissait de la mise en gage d'un brevet d'invention.

s'applique qu'aux meubles corporels. Il doit donc être mis de côté. Reste l'article 2075 qui est spécial aux meubles incorporels et la question est de savoir comment et dans quelle mesure cet article s'applique au gage constitué en titres au porteur. Or, aux termes de cet article, le privilège de gagiste ne s'établit sur les meubles incorporels, tels que les créances mobilières, que par acte public ou sous seing privé enregistré et signifié au débiteur de la créance donnée en gage. Il résulte de là, dit M. Massé, un des partisans de cette opinion, que la *constitution du gage*, en matière de meubles incorporels, a lieu dans *la même forme* que s'il s'agissait d'en *transmettre la propriété*, et d'en saisir, à l'égard des tiers, celui à qui la chose est transmise, puisqu'il faut pour le gage, comme pour la transmission de la propriété, un acte enregistré et notifié au débiteur de la créance. Or, comme lorsqu'il s'agit de titres au porteur, un acte écrit, enregistré et notifié n'est pas nécessaire pour en *transmettre la propriété* et saisir le nouveau propriétaire à l'égard des tiers, de même cet acte écrit, enregistré et notifié ne sera pas non plus *nécessaire pour constituer le privilège du gagiste.*

On ajoute qu'un acte de gage signifié ne produirait pas plus d'effet que la simple tradition d'un titre au porteur, cette tradition saisissant le porteur à l'égard des tiers aussi complètement que peut le faire un acte signifié au débiteur d'une créance cédée ou donnée en gage. On conclut de tout ceci que la *simple tradition* suffit pour constituer le gage sur des valeurs au porteur, et qu'en décidant ainsi on ne se met en opposition ni avec l'art. 2074 qui est inapplicable, ni avec l'article 2075 dont les termes et surtout l'esprit supposent, au contraire, la validité d'un nantissement ainsi constitué (l'art. 2075 n'étant applicable qu'aux créances pour la cession desquelles un acte écrit, enregistré et notifié est nécessaire) (1).

Le tort de ce système est de vouloir poser comme règle générale que tout *mode suffisant pour transférer la propriété de telle ou telle espèce de créances, suffit également pour l'établissement d'un gage sur des créances de la même espèce.* Or cette règle n'est écrite nulle part et elle n'est même pas exacte. En effet, même pour les créances de l'article 1690 Code civil, le parallélisme entre les formes de la cession et celles du nantissement n'existe pas. Sans doute M. Massé prétend qu'il faut pour le gage, comme pour la transmission de la propriété, un acte enregistré et notifié au débiteur de la créance. Mais nous avons vu que tous les auteurs sont d'accord pour dire, qu'à la différence de l'article 108 de la coutume de Paris, l'article 1690 du code civil se contente, pour la cession de créance, de la simple convention et que même à l'égard des tiers, la signification de la convention de cession suffit.

On dit qu'il ne faut pas appliquer l'art. 2074 aux titres au porteur, parce qu'il ne concerne que les meubles corporels. Mais alors la conclusion logique serait qu'il faudrait

1. Cette opinion a été soutenue par MM. Harel, *Revue de droit français et étranger* 1845, t. II, p. 284, Massé, *Droit commercial*, 2ᵉ édition, t. IV, nº 2898 et dans une note du *Sirey* 1860 I, p. 689, Troplong, *Du nantissement*, nº 288 et différents arrêts notamment du 8 février 1854 ; *Sirey*, 54, 2, 320 et du 29 mars 1856, *Sirey*, 56, 2, 408.

appliquer l'article 2075 qui parle dans sa formule générale de tous les meubles incorporels. D'ailleurs si l'on examine les motifs qui ont déterminé le législateur à introduire différentes formalités pour la constitution de gage, on ne comprendrait pas que le gage sur les valeurs au porteur pût se constituer par la simple tradition sans aucune autre formalité, alors que pour les meubles corporels, par exemple, il faut remplir les formalités de l'article 2074. Le législateur a voulu protéger l'intérêt des tiers, éviter des constitutions de gage frauduleuses faites par un débiteur voisin de sa ruine, et il est bien plus important d'exiger ces précautions pour les valeurs au porteur, qui constituent une portion si notable des fortunes à notre époque, que pour les meubles corporels. *Dans un deuxième système*, admis en général en doctrine, on *assimile les valeurs au porteur aux meubles corporels* et on leur applique, par conséquent, l'article 2074 Code civil.

Dans ce sens on dit : sans doute si l'on envisage la nature intime des titres au porteur, les rapports qu'ils font naître entre le propriétaire du titre et le débiteur, on les traitera comme des meubles incorporels, comme des créances ordinaires ; mais si on s'attache à leur mode de transmission, on les assimilera aux meubles corporels et c'est ce que font la doctrine et la jurisprudence en appliquant l'article 2279 code civil aux valeurs au porteur. C'est à ce dernier point de vue dit-on, qu'il faut se placer lorsqu'il s'agit de la constitution du gage, car le débiteur qui constitue un gage, transmet à son créancier un droit réel sur la chose et pour déterminer comment ce droit peut être créé, on doit rechercher d'abord comment l'objet *du gage peut être aliéné*. C'est ainsi que pour les créances ordinaires, l'article 2075 prescrit pour la constitution du gage, les mêmes formalités que l'article 1690 pour la transmission de la propriété.

On ajoute que le but de la signification, c'est d'avertir le débiteur que désormais il ne doit plus payer à l'ancien titulaire de la créance, soit parce qu'il l'a cédée, soit parce qu'il l'a remise en gage ; or, si la signification imposée par l'art. 1690 cesse d'être exigée lorsqu'il s'agit de titres au porteur, pourquoi celle de l'art. 2075 serait-elle maintenue ? D'ailleurs cette signification n'aurait aucune utilité ; en effet il s'agit d'un titre au porteur, d'un titre de telle nature que celui-là seul qui le représente peut obtenir le paiement du débiteur ; or, le propriétaire qui l'a remis en gage ne l'a plus ; le créancier gagiste n'a donc point à craindre que la Compagnie lui en paie le montant (1).

Quelques arrêts ont essayé d'établir une *distinction entre les actions et les obligations au porteur*, les premières seules ne seraient pas sujettes à signification. Cette distinction avait été faite d'abord par un arrêt de la Cour de Dijon, à l'occasion d'un contrat de nantissement constitué en rentes au porteur, arrêt du 18 décembre 1855 (Sirey, 56, 2, 253, Dalloz, 56, 2, 185) elle a été re-

---

1. Dans ce sens MM. Folleville. *Traité de la possession des meubles et des titres au porteur*, n° 345, — Wahl, *Titres au porteur* n° t. 1141 II, — Guillouard, *Nantissement*, p. 95 Aubry et Rau, t. 4 p. 703 et 432.

prise dans un arrêt de la Cour d'Alger du 9 juin 1862 (1). Attendu, dit ce dernier arrêt, que la signification avait pour objet, dans l'intention du législateur, non seulement de rendre les fraudes encore plus difficiles, en faisant connaître au débiteur, le privilège du créancier, mais encore de constituer le genre de prise de possession propre au transport des meubles incorporels ; attendu que le législateur de 1804 ne pouvait évidemment avoir en vue, en édictant l'art. 2075, les actions au porteur qui ont un caractère tout spécial ; qu'elles sont une *part de propriété* et non une créance ; qu'il n'y a point de débiteur ; que la cession s'en opère comme pour les meubles corporels, par la simple tradition manuelle ; que pour elles, de même que pour ceux-ci, la possesion vaut titre ; que dans ces conditions les dispositions de l'art. 2075 deviennent sans exécution possible, sans portée comme sans but à l'égard de ce genre de valeurs.

Cette distinction entre l'action et l'obligation au porteur n'a pas la moindre base et la signification ne peut être utile dans un cas sans l'être dans l'autre, et se trouve possible dans l'un et dans l'autre ; l'arrêt nous dit que les actions sont une part de propriété et non une créance ; or, il est admis généralement que l'action a un caractère mixte, que ce n'est pas une simple créance, car chaque actionnaire devient, lors de la dissolution de la société, copropriétaire du fonds social, dont il vient prendre une part ; ce n'est pas seulement un droit de propriété puisque chaque actionnaire est créancier de la

1. Sirey, 62, 2, 385.

société, tant que dure la société, pour la part qui lui revient dans les bénéfices (1).

Il faut donc envisager le second système qui applique aux *valeurs au porteur sans distinction*, l'art. 2074 Code civil. Malgré les imposantes autorités qui le soutiennent nous ne croyons pas devoir nous rallier à ce système. On nous dit que pour déterminer comment le *droit réel de gage peut être créé, on doit rechercher d'abord comment l'objet du gage peut être aliéné*. De là on conclut que puisque la signification est inutile pour le transfert de la propriété des titres au porteur, elle n'est pas nécessaire non plus pour la constitution du gage.

Mais nous ferons remarquer d'abord qu'il y a un texte formel, l'art. 35 C. de com. pour le cas de cession des titres au porteur, mais il n'y en a pas pour le nantissement de ces titres. En second lieu, le raisonnement que font les partisans de ce système conduirait logiquement à une conséquence qui les surprendrait. En effet puisque le titre au porteur peut être aliéné par simple *convention entre les parties*, et à *l'égard des tiers, par la tradition*, il faudrait dire qu'à l'égard des tiers, le *privilège* du créancier gagiste peut être constitué par simple tradition, et alors nous retombons dans le premier système, dont les partisans font, comme nous l'avons vu, le même raisonnement.

On invoque le fait que la jurisprudence applique aux titres au porteur l'art. 2279, comme aux meubles corporels. Mais cette jurisprudence a été consacrée expressé-

1. MM. Lyon-Caen et Renault, Précis, t. I, p. 185.

ment par l'art. 14 de la loi du 15 juin 1872 sur les titres au porteur.

Enfin on dit que la signification est inutile, mais c'est une considération à renvoyer au législateur.

Nous conclurons donc *avec un troisième système* que les valeurs au porteur, quoique assimilables, au point de vue de la forme, aux choses corporelles, n'en constituent pas moins, quant au fond, des créances mobilières, c'est-à-dire des objets incorporels ; donc l'art. 2075 qui prévoit expressément les créances mobilières leur est applicable ; par conséquent une signification à l'Etat, ou aux compagnies, en un mot au débiteur du titre, sera nécessaire pour leur constitution en gage (1). C'est le système de la jurisprudence.

Il est très nettement formulé dans un arrêt de la Cour de cassation du 30 novembre 1864 (Sirey 64, I, 503) dans les termes suivants : Vu les articles 2074 et 2075 C. Nap.

Attendu que ces dispositions, en matière de gage ou nantissement, constituent une règle de droit commun ; qu'elles exigent non seulement un acte public ou sous seing privé dûment enregistré pour tout contrat de ce genre excédant la valeur de 150 francs, mais de plus quand le gage a pour objet des meubles incorporels, tels que les créances mobilières, la signification de l'acte au débiteur de la créance donnée en gage ; qu'elles embrassent *par la généralité de leurs* termes tous *les meubles incorporels* sans exception, tels qu'ils sont définis par

---

1. Dans ce sens Laurent, t. 28 n° 460 et Thiry, *Cours de droit* civil, t. 4, n° 291.

l'art 529 C.Nap, c'est-à-dire les actions ou intérêts dans les compagnies de finance, de commerce ou d'industrie aussi bien que toutes obligations ou actions qui ont pour objet des sommes exigibles ou des effets mobiliers ; qu'il n'y a donc pas à distinguer entre la formalité de l'acte et celle de la signification, le gage et le privilège qui en est la conséquence ne pouvant exister sur des meubles incorporels, quels qu'ils soient, que par l'accomplissement de cette double formalité.

MM. Aubry et Rau (1) font à ce système et à la jurisprudence qui le consacre l'objection que : poussé dans ses dernières conséquences, ce système conduirait à cette conclusion inadmissible que la propriété des effets au porteur ne se transmet au regard des tiers, comme celle de toutes autres créances mobilières, que par l'accomplissement de l'une des conditions indiquées en l'art. 1690 C. civ. Mais d'abord ils nous paraissent inconséquents lorsque d'une part ils déclarent à la note 11 loc. cit: « de ce que les mêmes formalités sont requises par les art. 1690 et 2075 pour la transmission de la propriété et pour le nantissement des créances en général, cela n'autorise pas à poser en thèse que dans les cas où ces formalités ne sont plus nécessaires pour transférer la propriété, elles cessent également d'être exigées pour la mise en gage », et que d'autre part, ils font eux-mêmes le raisonnement qu'ils réprouvaient, voulant conclure des formalités exigées pour la mise en gage des titres au porteur, à celles requises pour leur cession.

1. V. t. 4, p. 703 ; § 432, n° 12.

En second lieu, les savants auteurs oublient que pour la cession des titres au porteur, il y a un texte, l'article 35 du Code de commerce, disant que la simple tradition suffit pour transférer la propriété *erga omnes*.

Nous rappelons en passant l'objection de pure forme tirée par M. Guillouard, de la circonstance que les arrêts ont l'habitude d'invoquer à la fois les articles 2074 et 2075 C. civ. Or, dit M. Guillouard, les valeurs au porteur ne peuvent être considérées à la fois comme des meubles corporels et comme des meubles incorporels : ces deux idées s'excluent et il faut choisir.

La vérité est qu'il y a un lien entre les articles 2074 et 2075, que ce dernier ne fait que développer, en ce qui concerne les meubles incorporels, l'art. 2074, qu'il répète, en y ajoutant la formalité de la signification. D'ailleurs les auteurs sont d'accord pour dire que les énonciations exigées par l'art. 2074, pour la rédaction de l'acte (déclaration de la somme due, espèce et nature des choses remises en gage), s'appliquent aussi aux meubles incorporels. Voilà ce que les arrêts veulent dire en rapprochant ces deux articles.

La solution de la doctrine qui assimile pour la mise en gage, les titres au porteur aux choses corporelles, est admise dans la plupart des législations étrangères, parce qu'il y a des textes formels sur la question.

En Belgique seulement, c'est la jurisprudence, qui, quoiqu'elle ait à interpréter les mêmes textes que les tribunaux français, admet que la signification est inutile pour la mise en gage des titres au porteur.

En ce sens, un arrêt de la Cour de Gand du 27 juillet

1867, dans la *Pasicrisie Belge* de 1868 I, p. 339 et sur pourvoi, arrêt conforme de la Cour de Cassation de Bruxelles. L'arrêt rejette le pourvoi dans les termes suivants : Considérant que la signification prescrite par l'article 2075 du C. civ. n'a pour but que de mettre le créancier gagiste en possession du gage ; qu'elle suppose par conséquent, le nantissement d'un droit mobilier dont le titulaire n'est pas dessaisi par la tradition du titre ; considérant que l'art. 2075 ne comprend pas tous les meubles incorporels sans exception, tels qu'ils sont définis par l'article 529 C. civ. Que le texte de l'article et les discussions aux quelles il a donné lieu (à quelles discussions fait allusion l'arrêt?) en précisent le sens et la portée. Qu'il ne s'applique qu'aux créances dont l'article 1690 du C. civ. a réglé la cession (ce qui est une affirmation) parce que pour ces créances seules, le gage manquerait, à défaut de signification, d'un élément indispensable à son existence, la saisine du créancier ; considérant que les titres au porteur sont de leur essence transmissibles de la main à la main, sans formalité, par la simple tradition ; que ces créances tiennent ainsi de la nature des meubles corporels, et que, pour les uns comme pour les autres la possession vaut titre ; qu'on objecte en vain que le nantissement et la vente étant essentiellement différents, on ne peut appliquer à la constitution du gage, les principes qui régissent la translation de propriété. Considérant que, dans le nantissement comme dans la vente des titres au porteur, la délivrance emporte dessaisissement pour l'une des parties, mise en possession pour l'autre ; que la signification serait destituée dès lors de toute espèce d'utilité ; qu'elle n'aurait aucun des effets que le législateur s'est proposés, puisque le créancier saisi par la remise qui lui est faite, n'a pas à craindre tant que dure sa possession qu'un second gage soit établi ou qu'un payement soit effectué en fraude de ses droits (1).

Toutes ces appréciations ont leur valeur, c'est au législateur futur à les prendre en considération, mais ce n'est pas à l'interprète, à s'en inspirer pour réformer la loi.

Le Code fédéral des obligations assimile aussi au point de vue du gage, les titres au porteur aux meubles corporels, comme il résulte de l'art. 210 ainsi conçu : *le droit de gage sur les meubles corporels ou sur les titres au porteur, ne peut s'établir que par voie de nantissement, c'est-à-dire par la remise de la chose au créancier gagiste ou à son représentant.*

Dans le même sens l'article 1293 du C. civ. allemand nous dit que par la mise en gage des titres au porteur on appliquera les prescriptions relatives au gage des meubles corporels.

A côté des titres sous la forme au porteur, il y a encore deux autres types de titres, revêtant des formes juridiques différentes : ce sont les titres sous la *forme nominative* et *la forme à ordre.* Ces valeurs servent plus particulièrement au mouvement des affaires commerciales, ce qui peut expliquer pourquoi le C. civil n'en fait pas mention. Elles sont incontestablement susceptibles d'être

1. Dans le même sens, arrêt du 11 mars 1887. *Pasicrisie* 87, p. 130.

données en nantissement. Mais à quelles conditions? Est-
ce aux conditions établies par l'art. 2075? ou à des conditions différentes et déterminées eu égard au mode de
transmission propre à ces valeurs?

Après ce que nous venons de dire pour les titres au
porteur, il n'y a aucune raison pour donner une solution
différente pour les titres nominatifs et à ordre.

Cependant la question a donné lieu à des difficultés très
sérieuses. La discussion s'est élevée d'abord par rapport
aux titres nominatifs dont la propriété se transmet par
une déclaration de transfert sur les registres de la société, de la ville, du département ou de l'Etat.

On admettait en général que pour la mise en gage de
ces valeurs, il fallait, par rapport aux tiers, un acte enregistré. Mais on a soutenu que le transfert sur les registres, ne pouvant s'opérer qu'avec le consentement et
le concours du titulaire, et d'autre part, ne pouvant être
ignoré de la compagnie débitrice des valeurs données en
gage, on a soutenu, disons-nous, qu'un *transfert sur les
registres avec la mention qu'il n'était opéré qu'à titre
de garantie*, pouvait suppléer à la signification du contrat
exigée par l'art. 2075 C. civ. Cette solution qui avant la
loi de 1863 relative au gage commercial, était proposée
pour le gage des titres nominatifs en général, est encore
aujourd'hui soutenue par MM. Baudry-Lacantinerie et de
Loynes pour le gage civil de ces titres (1). Si l'on admet,
disent ces auteurs que la signification peut être remplacée par l'acceptation du débiteur dans un acte authenti-

---

1. *Traité des priviléges et hypothèques*, t. I, p 39.

que, on sera naturellement conduit à se contenter d'un transfert à titre de garantie, effectué sur les registres de la société. La coopération de celle-ci à cette opération qui remplace l'acceptation dans un acte authentique, en matière de cession, ne doit-elle pas également la remplacer en matière de nantissement ?

Nous ferons d'abord remarquer que nous n'avons pas admis qu'en matière de gage, la signification puisse être remplacée par l'acceptation. En outre, même en admettant l'équivalence de ces deux formalités, on n'est pas du tout conduit naturellement à admettre la solution proposée. En effet l'argument invoqué et que nous avons eu déjà l'occasion de combattre plusieurs fois, consiste toujours à vouloir conclure de ce qui est admis en matière de cession à ce qui doit l'être en matière de nantissement.

Nous sommes d'autant plus autorisés à repousser cette solution, qu'en somme elle aboutit à étendre les dispositions de la loi de 1863 au gage civil. Or cette conséquence n'est pas admise par les auteurs cités qui invoquent pour la combattre, et avec raison, à notre avis, les travaux préparatoires de la loi de 1863. En effet la commission du corps législatif avait proposé un amendement à l'effet d'étendre le bénéfice du nouvel article 91 au gage constitué en matière civile « en fonds publics français et en valeurs d'industrie et de commerce ». Le conseil d'Etat écarta cette disposition parce que, dit le rapporteur M. Vernier, elle faisait sortir le projet du c. de commerce qui *seul était à modifier*, pour lui faire toucher le C. civil.

Nous ferons une dernière remarque. MM. Baudry-

Lacantinerie et de Loynes paraissent considérer la déclaration de transfert sur les registres de la société comme équivalant à une acceptation par acte authentique. Or, ceci, à notre avis, est absolument inexact. On n'a jamais soutenu, à notre connaissance, que le registre d'une société est un acte authentique et que le gérant de la société est un officier public (art. 1317 C. civ.). Nous conclurons donc en disant que pour la mise en gage d'un titre nominatif, il faut observer les formalités de l'article 2075 c civ. C'est dans ce sens que s'est prononcée la Cour de cassation dans un arrêt du 10 avril 1867 (1) : attendu, dit la Cour, qu'aux termes des articles 2074 et 2075, la remise en gage de meubles incorporels, tels que des actions d'une société anonyme, nominatives ou au porteur, n'est valable à l'égard des tiers que sous la condition d'être constatée dans un écrit qui fût enregistré, et qui de plus, fût signifié à la société ; attendu que dans l'espèce la double mention qui aurait été portée sur les actions et et sur les registres, restait *dépourvue de tout caractère authentique*, et ne comportait, en ce qui concerne la notification à la société, aucune certitude de sa date, etc.

Avant 1863, en l'absence de toute disposition spéciale au gage commercial, on recourait souvent pour la mise en gage des titres nominatifs à un autre moyen. Le titre était transféré au nom du créancier, afin que celui-ci, pût faire vendre le gage, s'il n'était pas payé à l'échéance ; mais en même temps il reconnaissait par un acte passé avec le débiteur qu'il n'avait sur le titre que les

1. Dalloz 67, 1, 398.

droits d'un créancier gagiste. Ce procédé avait l'inconvénient que l'acte dont nous venons de parler, était une contrelettre, par suite non opposable aux tiers, et le créancier de mauvaise foi, aurait pu valablement disposer du titre sans que le débiteur conservât aucune action contre le tiers (art. 1321 C. civ). (1).

Mais ce procédé soulève d'abord une question préjudicielle : à savoir si les parties peuvent faire valablement un contrat de gage *sous la forme d'une vente*, en fait, d'une vente à réméré ?

D'après M. Troplong (2), le contrat sera toujours valable, du moment où les formalités de la vente auront été remplies. Si les parties, dit-il, au lieu de passer un contrat de gage, employaient la forme simulée d'une vente, les tiers pourraient-ils contester la validité du nantissement ? Pas plus, à mon sens, que l'on ne peut critiquer sous le rapport de la forme, une donation déguisée sous forme de vente. Les formes de la donation sont cependant très solennelles. Elles ont été introduites dans un but d'utilité manifeste. Et pourtant, il est certain que les formes d'un contrat onéreux, tel que la vente, peuvent les remplacer utilement. Pourquoi donc, dès lors la vente extérieure ne pourrait-elle pas être mise en œuvre pour remplacer le gage ? C'est ce que je ne saurais comprendre Et il ajoute au n° 307 : le nantissement des effets de commerce ne s'opère-t-il pas par endossement, c'est-à-dire par un acte de cession et non par un contrat spécial de gage?

1. MM. Lyon-Caen et Renault. *Traité de droit commercial*, t. 3, p. 193.
2. *Traité du nantissement* n° 204.

Et cependant un tel nantissement, quoique affectant les formes extérieures de la vente, n'est-il pas valable comme nantissement ?

MM. Aubry et Rau soutiennent la thèse contraire (1), que les formalités spéciales, requises par l'art. 2074 et 2075 pour l'établissement du privilège attaché au gage ne seraient pas efficacement remplacées par un acte apparent de vente, cet acte eût-il même été enregistré et suivi de tradition. En effet, disent-ils, un pareil acte n'indiquant pas le montant de la créance pour sûreté de laquelle le gage est constitué, permettrait d'étendre après coup l'exercice du privilège à des créances que le gage n'avait pas, dans l'origine, pour objet de garantir, et laisserait la porte ouverte à toutes les fraudes. Répondant aux objections de M. Troplong, tirées de la validité des donations déguisées et du nantissement d'effets négociables, constitué par simple endossement, ils s'expriment ainsi : L'induction que M. Troplong tire de ces deux points de jurisprudence ne nous paraît pas concluante. Que l'on déclare non recevable la demande en nullité dirigée, contre une donation déguisée sous forme de vente, par des tiers qui ne se plaignent d'aucune fraude commise à leur préjudice, cela se comprend, puisque la vente ayant, tout aussi bien que la donation, pour objet et pour résultat de transférer la propriété, ces tiers n'ont aucun intérêt légitime, à critiquer la simulation, à faire décider que l'acte qualifié vente par les parties, est en réalité une donation. Mais il en est tout autrement dans le cas où une constitu-

1. T. 4, p. 703.

tion de gage a été déguisée sous la forme d'une vente.

En effet, la convention de gage ne doit pas, comme la vente, opérer transmission de propriété ; son objet, au regard des tiers, est de constituer un droit de préférence, droit dont la loi subordonne l'établissement au concours de certaines conditions, destinées à en faciliter le contrôle, à tous ceux qui pourraient avoir intérêt à le contester. En pareil cas, la simulation porte donc, par elle-même, atteinte aux garanties légales établies en faveur des autres créanciers du débiteur commun.

Quant à la jurisprudence relative au nantissement d'effets négociables, jurisprudence qui depuis a été confirmée par la loi du 23 mai 1863, elle se fonde sur des raisons toutes particulières, tirées de la nature de ces effets et des règles spéciales qui les régissent. Il n'est donc pas permis de l'étendre, par voie d'analogie, à la mise en gage d'autres objets ou valeurs ».

Dans le sens de la doctrine de MM. Aubry et Rau, on peut ajouter que si la validité des donations déguisées est admise par la jurisprudence, c'est qu'on peut invoquer en faveur de cette solution, certains textes, particulièrement l'article 1099 C. civ. qui annule une donation déguisée dans un cas spécial. Quant à l'argument tiré du fait que la jurisprudence admettait la validité de la constitution en gage d'un titre à ordre, par endossement, cette solution, avant la loi de 1863 qui l'a consacrée pour le gage commercial, était contestable et controversée comme nous le montrerons plus loin.

Entre ces deux doctrines absolues, il y a une solution intermédiaire consacrée par un arrêt de la Cour de cassation, du 9 juillet 1877 à propos d'un nantissement sur navire (1), qui a été adoptée par MM. Pont (2), Guillouard et nous croyons aussi par MM. Baudry-Lacantinerie et de Loynes.

D'après cette doctrine il faudrait pour décider si le nantissement déguisé sous la forme d'une vente, est valable ou non, voir de quelle manière la vente a été conclue. Si en simulant une vente quand elles font un nantissement, les parties s'affranchissent des conditions établies par la loi, (par ex. : nantissement sous la forme d'une vente verbale ou non suivie de tradition) et suppriment par là les garanties dues aux créanciers, la convention sera nulle ou tout au moins inopposable aux tiers, parce qu'alors il y aurait cet élément de fraude en raison duquel, la simulation devient une cause de nullité.

Mais si la vente, sous les apparences de laquelle le gage est constitué, est constatée par un acte réunissant avec les énonciations propres à la convention apparente, les formalités exigées pour le nantissement, rédaction d'un acte public ou sous seing privé enregistré, tradition réelle de la chose donnée en nantissement, etc., etc., le nantissement sera valable.

Voilà une doctrine bien compliquée, et qui, à notre avis, n'a pas beaucoup de chances de sortir du domaine de la spéculation juridique. En effet, on peut se demander quel intérêt les parties pourraient-elles avoir à déguiser le nantissement sous la forme d'une vente, puisque, dans

1. Sirey, 77, 1, 369. Dalloz, 77, 1,417.

2. Pont. *Petits contrats*, t. 2, n. 1090. — Guillouard. *Traité du nantissement*, n. 33.

tous les cas, elles seraient obligées de remplir les formalités exigées par la loi en matière de gage? Ce que nous
venons de dire est tellement juste, que dans tous les exemples, que nous fournit la jurisprudence, d'un nantissement
déguisé sous forme de vente, les parties avaient eu recours
à ce détour pour éluder *la nécessité de la tradition
requise en matière de gage par l'art. 2076, Code civil.*
Ainsi pour ne citer qu'un exemple dans un arrêt de la
Cour de Cassation du 11 mars 1879 (1), il s'agissait de la
vente de métiers à tulle faite par un fabricant à un banquier pour un prix notablement inférieur à leur valeur, et
suivie d'une location immédiate par le banquier au fabricant pour un loyer représentant l'intérêt de l'argent et
d'une revente à terme.

La Cour d'appel avait décidé, appréciant souveraine-
ment les diverses stipulations des parties, qu'il s'agissait
en réalité, non pas d'une vente, mais d'un contrat de gage ;
en conséquence la Cour avait décidé que ce contrat de
gage ne pouvait produire aucun privilège parce que le
créancier gagiste n'avait jamais été mis en possession
effective des métiers à tulle dont il s'agit et que cette possession était toujours restée au débiteur, contrairement
aux dispositions de l'article 2076 Code civil et 92 Code
de commerce.

Le cas le plus fréquent d'un nantissement dissimulé
sous une vente, c'était celui de la mise en gage d'un navire
avant la loi du 10 décembre 1874 qui reconnaît l'hypothèque sur les navires, et c'était encore pour éviter la tra-

1. Sirey, 80, I, 53.

dition réelle du navire. La jurisprudence admettait que la
mise en possession pouvait être suppléée par une espèce
de tradition symbolique. Cette jurisprudence est très jus-
tement critiquée par MM. Lyon-Caen et Renault (1).

Enfin contre la doctrine qui admet la validité d'un nantissement sous la forme d'une vente, il y a un argument
décisif, à notre avis ; c'est l'article 2078 alinéa 2 Code
civil qui déclare nulle, toute clause qui autoriserait le
créancier à s'approprier le gage ou à en disposer sans
les formalités prescrites par le premier alinéa. Or comme
la contre-lettre n'est pas opposable aux tiers, il résulte
que le créancier gagiste peut, dans ce système, disposer
du gage en violation de l'article 2078, Code civil.

C'est ce qu'a décidé un arrêt de la Cour d'appel de
Paris du 18 avril 1889 (2). Il s'agissait d'un achat fait
par une personne d'un certain nombre de reconnaissan-
ces du Mont-de-Piété, qui les revend immédiatement à
son vendeur avec stipulation, que, faute par celui-ci d'en
prendre livraison et d'en payer le prix dans un certain
délai, elle sera libre d'en disposer. Or la Cour a décidé,
en appréciant les circonstances de la cause, qu'il s'agissait en réalité d'un prêt garanti par la remise des recon-
naissances, et qu'en conséquence la stipulation sus-énoncée
était nulle d'une nullité absolue comme contraire à la
disposition finale de l'article 93, Code de commerce (identique à l'alinéa 2 de l'article 2078 Code civil).

Nous concluons de tout ceci qu'on ne peut pas faire un
nantissement sous la forme d'une vente.

1. Précis, t. 2, p. 507, note 1.
2. Dalloz, 90, II, 342.

Nous avons parlé jusqu'à présent de titres au porteur et nominatifs en général. Maintenant nous allons aborder l'étude des titres de rente sur l'Etat qui se présentent sous ces deux formes et dont la mise en gage offre certaines difficultés, soit qu'on les déclare d'une manière générale susceptibles d'être données en gage, comme nous l'avons admis, soit qu'on autorise la mise en gage seulement dans les cas limitativement prévus par la loi.

Tout le monde est d'accord qu'il faut un acte public ou sous seing privé enregistré. Quant aux autres formalités on admet en général qu'il faut distinguer entre les titres de rente au porteur et les titres nominatifs. Dans le premier cas on dit qu'il faut appliquer purement et simplement les règles admises pour la mise en gage des titres au porteur en général, c'est-à-dire on appliquera l'article 2074 C. civ. relatif aux meubles corporels. Pour les titres nominatifs il faudrait un transfert de garantie. « Il nous semble impossible, disent à ce sujet MM. Baudry-Lacantinerie et de Loynes (1) de procéder par la voie d'une signification, car cette procédure a pour but de prévenir tout paiement que le débiteur pourrait faire au préjudice du créancier gagiste. Elle équivaut donc à une opposition et les oppositions sont proscrites par les lois du 8 nivôse an VI et 22 floréal an VII ».

Nous ne pouvons pas faire cette distinction entre les titres de rente nominatifs et au porteur puisque nous avons admis que pour la mise en gage des titres nominatifs et au porteur, il faut observer les mêmes formalités. On nous

1. *Priviléges et Hypothèques*, t. 1, n° 65, p. 42.

fait l'objection que les lois de l'an VI et de l'an VII ont interdit l'opposition et que la signification du contrat de gage équivaut à une opposition.

Mais il faut d'abord remarquer qu'il y a une différence entre l'opposition et la signification, car tandis que la première est faite contre la volonté du débiteur saisi, la signification n'est qu'une des formalités exigées par la loi pour parfaire le droit de gage que le débiteur a consenti spontanément sur la rente dont il est titulaire.

Eu second lieu, quelle est la raison pour laquelle l'opposition a été prohibée ? Le préambule de la loi du 28 floréal an VII nous le dit : il importe au crédit de l'Etat de faciliter les transferts des inscriptions au grand livre de la dette publique en les dégageant des formalités qui tendent à déprécier cette propriété ; et qu'il est instant d'adopter ce qui est commandé par l'intérêt général comme par le plus grand avantage des rentiers. Or à ce point de vue il y a encore une différence entre l'opposition et la signification. En effet l'opposition n'empêcherait pas que le titre de rente reste entre les mains du titulaire qui pourrait vouloir en faire l'objet de transfert ou mutations ; tandis qu'en cas de nantissement, à la signification doit s'ajouter la remise du titre pour que le gage soit régulier. Or lorsqu'il s'agit d'un *titre de rente au porteur*, le titulaire qui s'en est dessaisi entre les mains du créancier gagiste, ne peut plus en faire l'objet d'aucune négociation ; lorsqu'il s'agit *d'un titre nominatif,* sans doute c'est l'inscription sur le Grand Livre qui constitue seule le droit du rentier, et le titre qui lui est remis n'est que la constatation de l'inscription sur le Grand Livre, mais il n'en

Cerban   9

est pas moins vrai qu'en se dessaisissant du titre, le rentier s'est enlevé en fait, la possibilité d'en faire l'objet de négociations.

En pratique, le Trésor, à qui est signifiée la mise en gage d'une inscription nominative, mentionne l'affectation en gage ou en garantie, à la condition qu'on lui produise un certificat de propriété délivré par le notaire qui a dressé l'acte de constitution du gage. Un second certificat visant l'acte de désistement du créancier, est indispensable pour obtenir la radication de la dite mention.

Dans la pratique, les formes légales prescrites par les art. 2075 et suivants sont souvent remplacées, lorsqu'il s'agit d'un gage constitué en rentes sur l'Etat, par un transfert consenti par le débiteur au profit de son créancier, comme s'il y avait eu entre eux une vente. Ce procédé, qui est inspiré par la théorie de l'insaisissabilité des rentes sur l'Etat, que nous avons combattu, n'est pas légal, à notre avis, puisque nous n'avons pas admis qu'on puisse faire une constitution de gage sous la forme d'une vente.

Nous allons examiner maintenant la mise en gage de la troisième variété des valeurs négociables, *c'est-à-dire des titres à ordre*. Ces valeurs se transmettent, aux termes de l'art. 136 C. de com., par la voie de l'endossement. On a voulu conclure de là qu'à plus forte raison, l'endossement devait suffire pour les donner valablement en gage.

Quel effet produirait, dit M. Massé (1), un acte de gage signifié, que ne produit pas l'endossement d'une lettre

_____

1. *Droit commercial*, t. 4 n° 2894.

de change ou d'un billet à ordre, puisque cet endossement saisit le porteur aussi complètement que peut le
faire un acte séparé, signifié au débiteur de la créance
cédée ou donnée en gage ? Pourquoi dès lors recourir à
une formalité inutile et qui n'aurait d'autre résultat que de
compliquer en pure perte de temps et d'argent, la simplicité économique des rapports commerciaux ? Cette
doctrine, comme nous le voyons, a été surtout soutenue
en matière commerciale, et on croyait trouver dans l'art.
2084 C. civ., un argument pour dispenser le gage en matière commerciale, des formalités de l'art. 2075 C. civ.
L'argument, comme nous le verrons plus loin, à propos
du gage commercial, n'était pas exacte.

Dans le sens de la théorie qui se contentait d'un simple endossement pour la mise en gage des titres à ordre
il y a un arrêt de la Cour de Rouen du 29 avril 1837 (1)
et un arrêt de la Chambre des Requêtes du 18 juillet
1848 (2). Considérant, dit la Cour, que le nantissement de
ces sortes de valeurs n'est pas soumis aux dispositions de
l'art. 2075 C. civ., qu'il rentre dans les cas envisagés par
l'art. 2084 du même Code et qu'il existe à cet égard un
droit spécial réglé par les art. 136 et s. C. de com ; que
l'endossement est ici un mode légal et *sui generis* de
donner au gage toute sa force à l'égard des tiers et de
faire au créancier une position privilégiée : que c'est là
un des avantages attachés à cette forme de cession et de
transmission, si utile dans le commerce, si favorable au
crédit et à la circulation des valeurs.

1. Sirey, 37, 2, 375.
2. Sirey, 48, 21, 609. Dalloz 48, 1, 177.

Et cependant la Chambre civile de la Cour de cassation dans un arrêt antérieur du 11 août 1847 ayant eu à statuer sur les formalités à accomplir pour le nantissement des titres au porteur, avait décidé que les règles de droit commun en matière de nantissement, étaient les articles 2074 et s. du Code civil.

Or si le nantissement des titres au porteur par voie de simple tradition, c'est-à-dire par la forme propre à la transmission de ces valeurs en toute propriété, est considérée comme illégale, n'en doit-il pas être de même, lorsque nous sommes en présence d'un nantissement de titres à ordre par la voie de l'endossement qui est la forme propre à la transmission en toute propriété de ces effets ? L'affirmative paraît évidente. Le rapport de M. le conseiller Troplong fait à l'occasion de l'arrêt de la Chambre des Requêtes, susénoncé, nie cependant l'analogie, par le motif que la circulation des valeurs au porteur n'est pas régie par un texte formel comme la circulation des valeurs négociables par endossement. Ceci à notre avis, est absolument inexact. D'abord les articles 136 et s. du Code de commerce ne parlent de l'endossement que comme mode de transmission de la propriété des titres à ordre. En outre il y a un article formel pour les titres au porteur ; c'est l'article 35 Code de commerce qui dit que la cession d'un titre au porteur s'opère par la tradition du titre. Or peut-on croire que la dation en nantissement de ces titres, par voie de tradition, serait irrégulière, alors que la dation en nantissement par voie d'endossement d'effets négociables en cette forme, serait régulière et légale ?

Il faut donc reconnaître qu'il y a contradiction entre la doctrine de la chambre des Requêtes et les principes consacrés par la chambre civile.

Cette discussion n'a plus d'intérêt en ce qui concerne le gage commercial car comme nous le verrons la loi de 1863(art. 91 al. 2 C. de com.) autorise formellement l'endossement comme moyen de mettre en gage les titres à ordre Mais elle subsiste en ce qui concerne le gage civil, car la théorie que nous combattons, se fonde surtout, comme nous l'avons vu déjà, à propos de la mise en gage des titres au porteur et nominatifs, sur cette espèce d'axiome que la constitution du gage en matière de créances a lieu dans la même forme que s'il s'agissait d'en transmettre la propriété. Or, c'est ce que nous avons toujours contesté, et cette fois-ci nous avons le plaisir d'être d'accord avec MM. Baudry-Lacantinerie et de Loynes, (1) et ainsi ces auteurs nous semblent être en opposition avec ce que nous avons vu qu'ils disaient précédemment. Nous ne pensons pas, disent-ils, que tout acte suffisant pour trans_férer la propriété d'un de ces titres, à l'égard des tiers, satisfasse nécessairement aux conditions requises pour l'efficacité du nantissement. La loi soumet la constitution du gage à des formalités rigoureuses qu'elle n'exige pas en matière de vente. La vente peut être verbale. La constitution de gage au contraire doit, pour produire ses effets, à l'égard des tiers, être constatée par un acte public ou sous-seing privé enregistré. En conséquence, nous appliquerons à la constitution en gage des valeurs transmissibles par endossement la disposition de l'art. 2075. Mais il nous semble

1. *Privilèges et Hypothèques*, t. 1. 40.

difficile d'imposer en semblable matière la signification dont parle le texte. Elle sera remplacée par un endossement à titre de garantie, accompagné de la remise du titre conformément à l'art 2076.

Quant à nous, nous n'admettons pas le tempérament proposé par MM. Baudry-Lacantinerie et de Loynes. Nous l'avons déjà dità propos des titres au porteur et nominatifs, l'art. 2075 du Code civil est général.

Comme le disent très bien MM. Lyon-Caen et Renault (1) le créancier gagiste a un privilège et en matière de privilège, tout est de droit étroit. Or en vertu de quel texte pourrait-on remplacer la signification par l'endossement étant donné que la loi de 1863 est spéciale au gage commercial?

L'article 1292 du C. c. allemand décide que pour la mise en gage d'une lettre de change ou autre titre qui se transmet par endossement, il suffit de l'accord des parties et de la remise du titre endossé.

Ayant terminé ce que nous avions à dire sur la formalité de la signification, nous devrions passer à l'étude de la dernière et de la plus importante condition exigée par la loi pour l'efficacité du privilège du créancier gagiste, nous voulons parler de la condition de la possession. Mais comme cette condition est commune au gage civil et au gage commercial, nous allons d'abord examiner ce que deviennent les formalités que nous avons étudiées jusqu'à présent (acte écrit, enregistrement, signification) lorsqu'il s'agit d'un gage commercial.

1. *Précis*, t. 2, p. 507, n° 1.

B. — *Gage commercial.*

Cette question ne se pose que depuis la loi de 1863. Avant cette loi il n'y avait pas de distinction à faire entre le gage en matière civile ou commerciale. Il est vrai que l'opinion contraire a été soutenue avec beaucoup de force surtout par M. Troplong (1). Il prétendait que les art. 2074 et s. du Code civil ne régissaient le gage commercial que dans le cas expressément défini par l'ancien art. 95 Code de commerce ; que dans tous les autres cas le gage commercial échappait à l'influence du Code civil et qu'il se prouvait comme tous les autres contrats commerciaux, par les moyens indiqués par les articles 12 et 109 du Code de commerce. Il cherche à tirer argument de la loi du 8 septembre 1830 qui a exempté du droit proportionnel le nantissement prévu par l'ancien article 95 Code de commerce. Voici les termes de cette loi : *les actes de prêts sur dépôts ou consignations de marchandises, fonds publics français et actions des compagnies d'industrie ou de finance dans les cas prévus par l'article 95 du Code de commerce, seront admis à l'enregistrement moyennant un droit fixe de 2 francs.*

Le sens de cette loi, dit M. Troplong, est que l'acte de prêt sur gage tarifé par l'enregistrement n'est requis que dans le cas prévu par l'article 95 du Code de commerce ; si dans d'autres cas commerciaux, étrangers à l'article 95 du Code de commerce, il avait fallu un acte de prêt du gage, la loi du 8 septembre 1830 n'aurait pas manqué d'en par-

1. *Traité du nantissement*, n° 115 et s.

ler nommément, pour que la mesure fût générale et le bénéfice égal pour tous.

Enfin on invoquait comme dernier argument l'article 2084 Code civil, qui affranchit le nantissement en matière commerciale des dispositions du Code civil.

Ce système se résumait en ceci ; toutes les fois que le nantissement porte sur des valeurs négociables par la voie de l'endossement ou des valeurs du porteur, l'article 2075 cesse d'être applicable (1).

Ce système, après quelques hésitations, a été rejeté par la jurisprudence et avec raison, croyons-nous. L'argument tiré de la loi fiscale de 1830 n'était pas décisif. Pour argumenter de cette loi comme d'une preuve que les formalités du nantissement civil sont étrangères au nantissement commercial, il faudrait dire que tout nantissement, même commercial, contracté dans les termes des articles 2074 et suiv., ne peut réclamer le bénéfice de la dispense du droit proportionnel. M. Troplong recule lui-même (2) devant une semblable conséquence, qu'un arrêt de rejet de la chambre civile du 26 mai 1845 (3) a également repoussée.

Quant à l'argument, plus fondé paraît-il, tiré de l'article 2084 Code civil, il faut dire que le législateur du Code de commerce avait perdu de vue cette disposition car en dehors des anciens articles 93 et 95 relatifs au

1. En ce sens aussi MM. Delamarre et Lepoitevin *Contrat de commission*, t. 3, n° 237 et suiv. — Harel, *Revue de droit français et étranger* de 1845, p. 277 et suiv.

2. *Traité du nantissement.* N° 124.

3. Dalloz 45, 1, 310.

contrat de commission et au privilège du commission-
naire, le Code de commerce ne s'était plus occupé des
formalités du nantissement commercial et jusqu'à la loi
de 1863, la lacune n'avait été remplie par aucune autre
loi ni règlement concernant les matières de commerce.

Or il est de principe que les règles établies par le
Code civil sont applicables en matière de commerce, à
moins que le législateur commercial n'y ait dérogé.

Tout ceci a été très bien mis en relief par un arrêt de
la Cour d'Amiens du 2 mars 1861 (1). Il s'agissait de savoir si en matière de commerce, des actions industrie-
les transférables par voie d'endossement peuvent être
données en gage sans l'observation des formalités des
articles 2074 et 2075. Considérant, dit l'arrêt, que l'article
2084 Code civil renvoie à la loi commerciale pour les règles qui doivent régir le nantissement commercial ; mais
qu'on ne trouve dans le Code de commerce publié postérieurement au Code Nap. aucune disposition qui exempte le
nantissement commercial des formes du droit commun,
si ce n'est dans l'article 93 relatif aux marchandises ex-
pédiées de place en place, sur lesquelles le commission-
naire, à la disposition duquel elles se trouvent, a privilège et avances ; qu'après avoir établi cette exception,
l'article 95 renvoie pour tous les autres prêts et avances
sur marchandises déposées ès-mains du prêteur, aux dispositions du Code Nap. sur le nantissement ; qu'en vain
objecterait-on que l'article 95 ne doit s'appliquer qu'aux
meubles corporels et non aux meubles incorporels, tels

____

1. Dalloz, 61, II, 54. Sirey, 61, II, 158.

que des actions industrielles au porteur ou des actions
nominatives susceptibles d'endossement, que dans le silence du Code de commerce sur le nantissement des dites
valeurs, l'argument tiré de l'article 95 a une grande autorité; qu'on ne saurait prétendre que le Code de commerce ait parlé sur la matière du nantissement dans les
articles 35, 136 et 137; qu'en effet l'article 35 en disant
que la cession des titres au porteur, s'opère par la tradition du titre, et les articles 136 et 137 en disant que la
propriété des lettres de change et des billets à ordre se
transmet par la voie de l'endossement ne s'appliquent
qu'au transfert de la propriété des dits effets et non aux
transferts à titre de gage; que l'on conçoit que la législation commerciale ait voulu être plus sévère pour les
formalités du gage qui prête plus à la fraude que pour
celles du transport de la propriété et qu'en conséquence
elle ait entendu se référer pour le premier aux formalités
du droit commun, aux prescriptions rigoureuses du Code
Nap. qui en l'absence d'une loi spéciale dérogative, doit
être appliqué comme loi générale sur la matière.

Mais ces règles du C. civil étaient une cause de gêne
pour le commerce ; elles rendaient la constitution du gage,
compliquée et sa réalisation lente. En 1863, dans le but
de favoriser le développement du gage en matière commerciale, le législateur a modifié les anciens articles 91 à
95 du C. de com., et créé dans les articles 91 à 93 une
législation spéciale au gage en matière commerciale. Pour
savoir quand les dispositions de la loi de 1863 s'appliqueront, il faut d'abord déterminer le *critérium de la distinction entre le gage civil et le gage commercial.* Or, à

ce point de vue, le nouvel article 91 C. de com. est ainsi conçu : *le gage*, constitué, soit par un commerçant, soit par un individu non commerçant pour un acte de commerce, etc. Il faut donc tenir compte de la nature de la dette garantie, voir si le gage est constitué pour sûreté d'une obligation contractée en vertu d'un acte de commerce ; dans ce cas le gage est commercial lui-même.

C'est cette idée qu'exprime en termes plus concis que l'article 91, l'article 1 de la loi belge du 5 mai 1872 relative au gage commercial et au contrat de commission : Le gage constitué pour sûreté d'un engagement commercial, etc...

Donc le caractère civil ou commercial du gage ne dépend pas de la profession du créancier ; ni de la nature de l'objet donné en gage, peu importe que ce soit une obligation ou action d'une société de commerce, ou une chose quelconque. La profession du débiteur n'est pas non plus décisive. Cependant il n'est pas sans intérêt de savoir si le débiteur est un commerçant ou non. En vertu de l'article 638 alin. 2, C. de com., qui répute jusqu'à preuve contraire, faits pour les besoins de son commerce, et par conséquent commerciaux, tous les actes d'un commerçant, le gage constitué par un commerçant sera présumé commercial comme la dette garantie elle-même. Au contraire, lorsque le débiteur est un non-commerçant, la commercialité de la dette doit être prouvée et le gage n'est commercial que si cette preuve est faite (1).

______

1. Voir dans ce sens et avec plus de détails MM. Lyon-Caen et Renault. *Traité de droit commercial*, t. 3, n. 269-270.

L'idée générale qui paraît dominer la loi de 1863 est la suivante : Ne pas soumettre la constitution d'une chose en gage à des formalités plus compliquées que son aliénation (sauf la condition de la mise en possession qui est maintenue pour le gage commercial comme pour le gage civil). Les règles à observer pour la constitution de gage, comme pour l'aliénation elle-même, varient, par conséquent, avec la nature de l'objet engagé, et si la chose engagée est une créance, avec la forme du titre de créance.

Notre étude se bornant à l'examen des conditions de la constitution en gage des choses incorporelles, nous allons nous occuper seulement de celles-ci.

Or, parmi les meubles incorporels, il faut distinguer d'abord les *droits réels mobiliers* (brevet d'invention, droit d'auteur), dont la loi de 1863 ne s'occupe pas, les laissant sous l'empire de la règle générale de l'article 2075 Code civil, et *les droits personnels* ou *créances*. Pour ces dernières, il faut faire une sous-distinction, qui résulte des alinéas 1, 2, 3, 4 de l'article 91 Code de commerce selon que le titre est au porteur, ou à ordre, ou transmissible par voie de transfert, ou qu'enfin, il s'agit d'une créance à personne dénommée : cette distinction, au point de vue du gage, correspond d'ailleurs à celle qui est faite, au point de vue de la cession, par l'article 1690 Code civil (créance à personne dénommée), d'une part, et par les articles 35 (titre au porteur), 36 (titre nominatif) et 136 (titre à ordre) du Code de commerce, d'autre part.

Titres au porteur. — Relativement aux valeurs au porteur, l'article 91 n'a pas de disposition spéciale, mais l'Exposé des motifs de la loi du 23 mai 1863, déclare formellement que l'article 91, alinéa 1, est applicable aux titres au porteur, c'est-à-dire, que la remise en gage de ces titres peut se prouver par tous les moyens possibles, comme s'il s'agissait de choses corporelles. Voici, en effet, ce qu'il y est dit : « aucune disposition spéciale n'était nécessaire pour faire cesser les controverses qui se sont élevées au sujet du nantissement des valeurs ayant la forme au porteur, puisqu'il est déclaré par le projet, d'une manière générale et par conséquent applicable à tous les objets mobiliers quelconques, que le gage commercial s'établit à l'égard des tiers, conformément aux dispositions de l'article 109. La propriété des titres au porteur est transmissible sans endossement, sans notification et par la seule tradition, absolument comme la propriété d'un lingot, d'un meuble. Le § 1 de l'article 91 suffit donc à leur égard et tranche toute controverse. Le gage constitué sur des titres au porteur s'établira à l'égard des tiers comme le gage constitué sur une marchandise quelconque, sur un meuble, lingot on un bijou, conformément aux dispositions de l'article 109 Code de commerce. »

Donc pas d'acte écrit, pas de signification, la seule remise du titre suffit (1). Nous avons vu la controverse qui existe lorsqu'il s'agit du gage civil d'un titre au porteur.

Titres à ordre et nominatifs. — L'article 91, alinéa 2 et 3, tranche à leur égard, la controverse dont nous avons

______

1. C'est aussi la solution admise en Italie. Voir Vidari : *Corso di diritto commerciale*, t. 5, n° 2389.

parlé, qui existait avant la loi de 1863, sur le point de savoir si ces créances pouvaient être données en gage, les premières par un endossement, les secondes, par voie de transfert, ou si au contraire, il y avait lieu de remplir les formalités prescrites par l'article 2075 Code civil.

L'article 91 tranche toute controverse, admettant dans son alinéa 2, pour les valeurs négociables, c'est-à-dire, comme il résulte de la comparaison des différents alinéas du texte, pour *les titres à ordre,* comme mode de constitution du gage, un endossement régulier, indiquant que' les valeurs ont été remises en garantie.

Pour *les titres nominatifs,* l'article 91. alinéa 3, consacre légalement l'usage des transferts à titre de garantie (1).

Par rapport à ces deux sortes de titres, une très grave controverse s'est élevée sur la portée du nouvel article 91. Ce texte décide bien que ces titres peuvent être donnés en gage, les premiers par voie d'endossement (pas d'acte écrit ni de signification) les autres par voie de transfert sur les registres de la société (pas d'acte ni de signification). Mais les parties sont-elles obligées de recoûrir à ces moyens, ou peuvent-elles constituer un gage sur ces valeurs, en d'autres formes, et dans le cas de l'affirmative, quelles sont ces formes?

Trois opinions se sont produites à cet égard :

D'après la première, les alinéas 2 et 3 de l'art. 91 ont une portée absolument limitative. Ce premier système

----

1. Voir pour plus de détails MM. Lyon-Caen et Renault, *op. cit.* n° 274.

peut être facilement écarté. En effet, il suffit de lire les alinéas 2 et 3 précités. L'alinéa 2 nous dit que le gage à l'égard des valeurs négociables *peut aussi* être établi etc... et l'alinéa 3, en parlant des valeurs nominatives dit que le gage *peut également* être établi, etc... Or il est de toute évidence que si l'endossement ou le trans-fert étaient les seuls modes de constitution, à l'égard des tiers, du gage portant sur des titres à ordre ou nominatifs, ces mots aussi, également, ne se rapporte-raient à rien et n'auraient aucun sens. Donc, l'article 91 indique clairement que le gage peut, pour ces va-leurs, être établi autrement, et que l'art. 91 donne seu-lement un moyen de plus pour le constituer. Mais quel est cet autre mode de constitution dont les parties peu-vent user, étant donné que l'art. 91 ne consacre qu'une faculté? C'est ici que les deux autres opinions sont en dés-accord.

D'après l'une de ces opinions, le contrat de gage peut se constater, à l'égard des tiers, pour les titres à ordre et nominatifs, *par les moyens indiqués dans l'art. 109 C. de com.* si les parties n'ont pas eu recours à l'endossement ou au transfert. Le texte de l'art. 91 paraît très favorable à cette manière de voir. Après avoir décidé, dans l'alinéa 1er, que le gage commercial se constate, à l'égard des par-ties, comme à l'égard des tiers par les modes de l'art. 109, ce texte ajoute dans les alinéas 2 et 3 : à l'égard des valeurs négociables, le gage peut *aussi* être établi, à l'égard des valeurs nominatives le gage peut *également* être établi, etc... ; or ces expressions : *aussi, également,* venant à la suite de la règle générale de l'alinéa premier, indiquent clairement, disent les partisans de cette opinion, que le gage sur les valeurs à ordre et transmissibles par voie de transfert, peut s'établir d'abord par les modes de l'article 109, et aussi par endossement ou transfert. Ces expressions, dont se sert le législateur, indiquent bien que dans sa pensée ces deux alinéas se réfèrent au 1er et lui servent en quelque sorte de complément. D'ailleurs, ajoute-t-on, quelle sera dans ce cas l'utilité de la signification ? En effet, le débiteur étant obligé de remettre le titre à ordre, ou le titre nominatif, au créancier gagiste, il est mis dans l'impossibilité de porter atteinte au gage qu'il a consenti ; donc la signification aurait pour unique résultat d'accroître les frais, contrairement à la pensée de la loi de 1863 qui s'est proposée de développer et favoriser le gage.

Les travaux préparatoires de la loi de 1863 confirment l'argument tiré du texte de l'article 91. On lit en effet dans l'Exposé des motifs (1). Il est déclaré par le projet d'une manière générale et par conséquent applicable *à tous les objets mobiliers quelconques*, que le gage commercial s'établit à l'égard des tiers conformément à l'article 109. Puis dans le rapport de M. Vernier (2) il est dit : le paragraphe 3 de l'article 91 est une facilité de plus ajoutée à celle de l'article 109 du Code de commerce, pour constater le gage, lorsque d'une part, les objets qui le composent sont des actions et obligations nominatives, etc.

De même au paragraphe V de l'Exposé des motifs, il

1. Sirey, *Lois annotées*, 1863, p. 26, § III.
2. *Op cit.*, p. 29, t. XIV.

est dit : le projet ne maintient les règles de la loi civile qu'en ce qui touche celles des créances mobilières dont le cessionnaire conformément à l'article 1690 Code civil ne peut être saisi, à l'égard des tiers, que par la signification du transfert, faite au débiteur. Et il en donne le motif que ces créances sont : des valeurs d'une réalisation difficile et dont le commerce ne peut être amené à faire l'objet d'un nantissement que dans des cas extrêmement rares. Or on ne saurait prétendre que les titres nominatifs, actions ou obligations soient, aujourd'hui surtout, des valeurs d'une réalisation difficile, et que l'on reçoit rarement en gage. Ce sont, au contraire, celles qui sont le plus souvent affectées à un nantissement et que le commerce accepte en cette qualité, avec le moins de répugnance (1). La jurisprudence paraît se fixer dans ce sens (2).

Enfin d'après la troisième opinion, si le gage portant sur des titres à ordre ou nominatifs, n'est pas constitué par voie d'endossement ou de transfert, les parties devront observer *les formalités prescrites par l'article 2075* Code civil. Cette opinion est surtout soutenue par MM. Lyon-Caen et Renault (*Traité*, tome III. n° 277 et

1. Dans le sens de cette opinion, voir MM. Bédarride. *Des commissionnaires*. Appendice, p. 525. — Boistel *Précis de droit commercial*, n° 491 et 492, p. 335 et 336. — Guillouard *Traité du nantissement*, p. 136 et s.

2. Voir notamment, Cassation, 12 mars 1879 (Dalloz, 80, 1, 118 arrêt de la cour de Douai du 12 mars 1891 (Sirey 93, II, 118 et Dalloz, 92, II, 140).

note de M. Lyon-Caen dans le Sirey 79, 2, 129 et J. Pal 1879, p. 578).

On dit dans ce troisième système que la seconde opinion est contraire aux précédents qui expliquent le but et la portée de l'article 91 ; en outre elle est en contradiction avec les principes généraux qui régissent les formalités de la constitution de gage. En effet, dit-on, le Code civil a bien soin de distinguer selon que l'objet donné en gage est une chose corporelle ou incorporelle (art. 2074 et 2075 C. civ.) ; or le Code de commerce, pour le gage commercial, ne porte aucune atteinte à cette distinction, qu'il conserve au contraire avec une différence seulement au point de vue des formes de constitution du gage ; l'article 91, alinéa 1, admettant la preuve du gage des choses mobilières corporelles ou titres au porteur par tous les moyens usités en matière commerciale, et les alinéas 2, 3, 4, en ce qui concerne les créances autres que les titres au porteur, font varier les formes de leur constitution en gage avec la forme du titre de créance. Mais, dit-on, l'article 91 ne permet point d'employer pour la constitution en gage d'une créance les formes du gage des choses corporelles. Il n'y a qu'une exception à cette règle, c'est en ce qui concerne les titres au porteur auxquels on applique l'article 91, alinéa 1. Cette exception qui résulte de l'Exposé de motifs de la loi de 1863 se justifie par l'idée qui paraît avoir guidé le législateur de 1863 de ne pas soumettre la constitution d'une chose en gage, à des formalités plus compliquées que son aliénation. Et puis les titres au porteur, au point de vue de leur transmission, sont assimilés aux choses corporelles, voilà pourquoi ils peuvent être constitués en gage dans les mêmes formes. C'est donc une exception spéciale aux titres au porteur.

La seconde considération qu'on invoque en faveur de cette opinion est que la doctrine adverse est contraire aux précédents qui expliquent le but et la portée de l'article 91. Avant 1863 on discutait sur le point de savoir si l'endossement ou le transfert suffisait pour la dation en gage des titres à ordre ou nominatifs. Personne n'avait essayé de soutenir qu'on pouvait ou qu'il était à souhaiter qu'on pût les donner en gage dans les mêmes formes que les choses corporelles. Le législateur de 1863 a voulu faire cesser cette controverse et la trancher dans le sens le plus large ; mais rien n'indique qu'il ait dépassé ceux-là mêmes qui allaient le plus loin au point de vue des facilités à accorder pour la constitution en gage de ces titres.

Dans cette troisième opinion, on ne veut pas tenir compte des passages de l'Exposé des motifs et du rapport invoqués par l'autre opinion.

Quant à l'argument tiré du texte même de l'article 91 on répond qu'il est très douteux que les rédacteurs de la loi de 1863 aient par les mots *aussi, également* voulu faire une innovation qui, contrairement aux principes de notre législation, assimilerait la dation en gage des créances à celle des choses corporelles. Et alors on donne une toute autre explication de ces mots disant que le législateur de 1863 a entendu par là, laisser aux parties la liberté de recourir au droit commun. Or, le droit commun en matière de gage est en quelque sorte dou-

ble ; il y en a un pour les choses corporelles et il y en
un autre pour les créances, et le droit commun pour les
créances c'est l'article 2075 qu'il s'agisse du gage civil ou
commercial.

On dit enfin que l'article 91, al. 4, confirme cette manière de voir, car les premiers mots de cet alinéa : *il n'est
pas dérogé aux dispositions de l'article 2075* impliraient
raient que le deuxième et troisième alinéa, au contraire,
dérogent à l'article 2075 qui serait le droit commun. Ici
les partisans de la seconde opinion répondent qu'au contraire la loi de 1863 a entendu introduire pour le gage
commercial une dérogation formelle aux dispositions de
l'article 2075 et ils invoquent aussi en leur faveur l'alinéa 4
de l'article 91 ; en effet, disent-ils, à quoi bon rappeler que
l'article 2075 Code civil continue à s'appliquer aux créances mobilières dont la transmission ne s'opère que par la
signification du transport au débiteur, si cet article demeure le droit commun, non seulement pour ces créances mais aussi pour toutes les autres ?

Pour conclure, nous dirons qu'on peut hésiter entre ces
deux opinions. Cependant nous croyons que l'argument
qu'on invoque dans la dernière opinion et qui consiste à
dire que le législateur a voulu établir une séparation bien
tranchée, au point de vue de la forme, entre le gage des
choses corporelles et le gage des choses incorporelles,
n'est pas aussi décisif qu'il paraît au premier abord. En
effet, de la comparaison des articles 2074, 2075, 2076,
Code civil, il résulte que pour la constitution en gage
d'une chose, corporelle ou incorporelle peu importe, il
faut un acte public ou sous seing privé enregistré, et que,

dans tous les cas, il faut la remise de la possession de la chose engagée au créancier gagiste. Reste la formalité de la signification. De l'aveu de tous les auteurs, cette dernière condition ne s'applique pas à toutes les choses incorporelles, mais seulement aux droits personnels mobiliers. Et même lorsqu'il s'agit de créances, la signification ne devrait s'appliquer rationnellement (quoique l'art. 2075 ne fasse aucune distinction et que par conséquent on doive l'appliquer à toutes les créances), *qu'aux créances à personne dénommée* dont parle l'article 1690 Code civil, parce que c'est seulement pour ce dernier genre de créances, que la remise du titre ne dessaisit pas le titulaire de la créance, et ne l'empêche pas de libérer valablement le débiteur agissant dans l'ignorance du nantissement ; donc la signification joue réellement le rôle de la mise en possession ce qui a conduit un auteur, M. Colmet de Santerre, comme nous le verrons plus loin, à dire que pour ces créances la remise du titre n'était pas nécessaire. Quoi d'étonnant alors si la loi de 1863, pour faciliter le gage commercial, a voulu en permettre la constitution pour toutes les valeurs mobilières en général (sauf pour les créances à personne dénommée de l'art. 1690) par les modes de l'article 109?

Créances à personne dénommée. — L'article 91 s'occupe dans l'alinéa 4 d'une dernière classe de valeurs, les titres de créance à personne dénommée, pour lesquels, 'article 2075 continuera d'être appliqué en matière de commerce.

Le rapporteur, M. le conseiller d'Etat Léon Cornudet, a dit en ce sens : le projet ne maintient les règles de la loi

civile qu'en ce qui touche celles de créances mobilières
dont le cessionnaire, conformément à l'article 1690 Code
Napoléon ne peut être saisi, à l'égard des tiers, que par
la signification de la cession faite au débiteur cédé. La
signification est nécessaire parce que sans cette signification, le débiteur, ignorant la constitution de gage pourrait payer valablement à son créancier, bien que celui-ci
eût engagé sa créance. Mais l'honorable rapporteur se
trompe lorsqu'il dit que la signification suppose la rédaction d'un acte, pour justifier l'exigence de cette dernière
formalité. Enfin il ajoute qu'il y avait d'autant moins lieu
dans l'espèce, de ne pas conserver aussi la nécessité de
l'enregistrement, qu'en définitive l'exception ne porte que
sur une sorte de valeurs d'une réalisation difficile et dont
le commerce ne peut être amené à faire l'objet d'un nantissement que dans des cas extrêmement rares.

Il faut remarquer que la loi belge du 5 mai 1872 relative au gage commercial et au contrat de commission est
conçue dans le sens de l'interprétation donnée par MM.
Lyon-Caen et Renault à la loi française de 1863.

En effet, l'article premier s'exprime dans ces termes :
*Le gage constitué pour sûreté d'un engagement commer-
cial confère au créancier le droit de se faire payer sur
la chose engagée par privilège et préférence aux autres créanciers, lorsqu'il est établi conformément aux
modes admis en matière de commerce pour la vente de
choses de même nature, et que l'objet du gage a été mis
et est resté en la possession du créancier ou d'un tiers
convenu entre parties. La preuve de la date du nantis-*

sement incombe au créancier. Elle peut être faite par
tous les moyens de droit.

Nous avons vu que lorsque les actions, sont au porteur,
à ordre, ou transmissibles par voie de transfert, on leur
applique pour la constitution en gage, respectivement les
alinéas 1, 2, 3 de l'article 91.

Mais s'il s'agit d'actions ou parts d'intérêts qui ne revêtent aucune de ces formes, quelle règle doit-on suivre?
1° Lorsque la société est une personne morale, chaque
associé n'a, tant que la société dure, qu'un droit de créance
(le droit d'exiger sa part dans les bénéfices). Donc pour
la cession comme pour la constitution en gage des parts
d'associés qui ne revêtent aucune des formes mentionnées, il y aura lieu de remplir les formalités des articles
1690 et 2075 Code civil. Cependant M. Beudant dans un
article de la *Revue critique de législation et de juris-*
prudence (1) a soutenu que le droit de l'associé n'est ni
un droit de propriété, ni un droit de créance et a conclu
que les articles 1690 et 2075, sont inapplicables aux cessions et constitutions en gage des parts d'associé. S'il y
a incertitude, dit-il, sur les caractères distinctifs de l'intérêt et de l'action, il est au moins certain que le droit
désigné par ces deux mots est un droit *sui generis*, qui
n'est ni un droit de propriété ou de copropriété, ni un
droit de créance. Ce n'est ni un droit de propriété, ni de
copropriété, car la société, personne morale distincte des
associés est seule, tant qu'elle existe, propriétaire du
fonds social ; ce n'est pas non plus un droit de créance,

1. 1869, t. 34, p. 154 et s.

car les associés sont garants des dettes sociales, indéfiniment ou jusqu'à concurrence de leur mise, selon les cas, et ils ne pourraient pas, comme les porteurs d'obligations, par exemple, qui sont eux, de vrais créanciers, faire mettre la société, leur débitrice, en faillite. Donc c'est un droit spécial ; c'est le droit que l'associé acquiert en échange de son apport, droit éventuel à une part des bénéfices, tant que la société existe, à une part du fonds social quand elle est dissoute.

Or, s'il en est ainsi, comment songer à appliquer aux cessions d'intérêts ou actions, les dispositions des articles 1690 et 1691 Code Napoléon qui ne régissent pas les cessions de choses incorporelles quelconques, mais seulement ainsi que l'observent fort bien MM. Aubry et Rau, les transports de créances proprement dites, c'est-à-dire, des créances ayant pour objet, soit le paiement d'une somme d'argent, soit la livraison de choses mobilières déterminées seulement quant à leur espèce. Et M. Beudant conclut en disant : que le cessionnaire des droits d'un associé est donc saisi *erga omnes* du jour où l'acte de cession a acquis date certaine sans qu'il soit besoin de signification soit aux autres associés, soit à la personne morale société, ou d'acceptation par acte authentique. De même l'article 2075 n'est pas applicable en cas de nantissement.

M. Lyon-Caen (1) objecte avec raison à cette manière de voir, que dans notre législation de même que dans la

1. Dissertation insérée sous un arrêt de la Cour de Paris du 18 août 1881 dans Sirey (82, 2, 25).

législation romaine, tout droit de nature pécuniaire ne peut être qu'un droit réel ou un droit personnel. M. Beudant nous dit que le droit de l'associé n'est pas un droit de créance parce que l'associé est garant des dettes sociales, indéfiniment ou jusqu'à concurrence de sa mise. Mais cela s'explique parce que l'associé réunit en soi, à raison de l'apport qu'il a fait, la double qualité de créancier et de débiteur. Dans tous les contrats synallagmatiques, nous voyons que chaque partie contractante, est créancière et débitrice en même temps. Ainsi dans le bail, par exemple, le bailleur est créancier des loyers et en même temps il est débiteur envers le preneur, de la jouissance de l'immeuble qu'il lui a loué.

En second lieu M. Beudant pour contester au droit de l'associé la nature d'un droit de créance, invoque cette circonstance que les associés ne pourraient pas comme les porteurs d'obligations, faire mettre la société, leur débitrice en faillite.

Mais il faut remarquer que la situation des associés et celle des obligataires n'est pas identique. Les obligataires n'ont pas d'autre qualité que celle de créanciers de la société. Il est naturel que comme les créanciers d'un simple commerçant, ils puissent demander la déclaration en faillite de la société leur débitrice. Tandis que les associés en principe ne sont pas créanciers d'une somme fixe et n'ont droit qu'aux bénéfices nets de la Société, par conséquent ce sont des créanciers de second rang, venant après les porteurs d'obligations, pour le paiement de leurs créances de dividendes. D'ailleurs ce sont les associés eux-mêmes ou le représentant choisi par eux qui gère les affaires sociales ; en outre, dans les sociétés par actions, ils ont le droit de se réunir en assemblée générale, tandis que les obligataires n'ont pas le droit de s'immiscer dans la gestion des affaires de la société, et alors on comprend que la loi n'ait accordé le droit de faire déclarer la faillite d'une société qu'à ces derniers.

2) Mais lorsque la société ne constitue pas une personne morale quelle solution faut-il donner ? Dans ce cas, dit M. Lyon-Caen, la part d'associé constitue un droit de copropriété, car le fonds social appartient par indivis aux associés. Tandis que dans les sociétés de commerce, le droit à des dividendes, tant que la société dure, est le seul droit des associés, au contraire dans les sociétés civiles qui ne sont pas des personnes morales, l'associé est avant tout co-propriétaire du fonds social, et à *titre accessoire*, cette qualité lui donne droit à des dividendes. D'où M. Lyon-Caen conclut que la cession ou la constitution en gage d'une part d'associé dans une telle société, ne peuvent pas être soumises aux formalités des articles 1690 et 2075 Code civil, car il faut, quand on détermine les formalités à remplir pour une cession ou pour une constitution de gage, considérer la nature du droit principal, non celle des droits accessoires. En ce qui concerne spécialement le gage, en admettant que le fonds commun aux associés ne comprenne que des meubles, il y a une condition dont on ne conçoit guère la réalisation, c'est la mise en possession du créancier gagiste (art. 2076 et 92 Code de com.).

Cette conséquence est vraiment fâcheuse ; voilà un droit de nature pécuniaire, qui peut avoir une valeur considérable, et qui est pour ainsi dire hors de commerce, car le titulaire du droit ne peut s'en servir comme instrument de crédit. Ne pourrait-on pas dire que le droit de copropriété de chaque associé, tant que dure la société, existe pour ainsi dire à *l'état latent*, étant toujours primé par l'intérêt supérieur de la société ; c'est ce qui explique, à notre avis, l'article 1859 n° 3 Code civil, disant que chaque associé a le droit d'obliger ses associés à faire avec lui, les dépenses qui sont nécessaires pour la conservation des choses de la société.

N'est-ce pas la même idée qui sert de base à l'art. 1849 disant que lorsqu'un des associés a reçu sa part entière de la créance commune, et que le débiteur est depuis devenu insolvable, cet associé est tenu de rapporter à la masse commune ce qu'il a reçu, encore qu'il eût spécialement donné quittance *pour sa part*.

Et l'article 1860 n'est-il pas conçu dans le même esprit lorsqu'il refuse à un associé le droit d'aliéner sa part dans un bien de la société ?

Son droit de co-propriété étant ainsi gêné et réduit à tous les points de vue, tant que dure la société, *ne pourrait-on pas dire* avec quelque apparence de raison, que son droit principal et vraiement efficace, est son *droit aux bénéfices*, et que par conséquent dans tous les cas, que la société soit une personne morale ou non, la part de l'associé pourrait être cédée ou mise en gage conformément aux articles 1690 et 2075 Code civil ?

D'ailleurs on pourrait tirer argument dans ce sens de l'article 91, alinéa 3, qui assimile complètement, au point de vue de la forme du gage commercial, les actions, parts d'intérêt et obligations nominatives des sociétés financières, industrielles, *commerciales* ou *civiles*. Et ce que la loi dit expressément pour les actions ou obligations nominatives, il faut le dire aussi des actions ou obligations au porteur dont l'article 91 ne parle pas, car il n'y a aucune raison de distinguer.

La conclusion de tout ceci est facile à saisir. Si, lorsqu'il s'agit d'appliquer les formes prescrites par l'article 91 la loi ne distingue pas suivant que la société qui a émis les actions ou obligations, est civile ou commerciale, personne morale ou non, pourquoi ferait-on cette distinction lorsqu'il s'agit d'appliquer les formes prescrites par l'article 2075 Code civil ?

D'ailleurs il faut remarquer, qu'au point de vue pratique, l'intérêt de la question n'est pas considérable étant donné que la jurisprudence admet la personnalité des sociétés civiles.

Nous terminerons sur ce sujet en disant que la loi de 1863 ne s'applique pas en cas de gage civil. MM. Aubry et Rau (1) ont soutenu l'opinion contraire en disant que l'application des alinéas 2 et 3 de l'article 91 Code de commerce, est indépendante, et de la qualité de commerçant ou non commerçant de celui qui constitue le gage, et de la nature, commerciale ou civile, de la créance pour sûreté de laquelle il est établi. Cette interprétation est inconciliable avec la rédaction même de l'article 91 où les alinéas 2 et 3 se rattachent étroitement au premier qui pose la règle générale et en limite expressément l'applica-

____

1. *Droit civil*, t. 4 § 433, n° 1.

tion au gage commercial. D'ailleurs elle est formellement contredite par les travaux préparatoires de la loi de 1863. En effet la commission du Corps Législatif avait proposé un amendement au paragraphe 1 du projet du gouvernement, ainsi conçu : Le gage constitué, soit par un commerçant, soit par toute autre personne à l'occasion d'un acte de commerce, *ou en fonds publics français, ou en valeurs des compagnies d'industrie et de commerce* se constate etc... Or cette seconde partie a été repoussée par le Conseil d'Etat parce qu'elle faisait sortir le projet du Code de commerce qui seul était à modifier, pour lui faire toucher au Code Napoléon.

Appendice à la signification : constitution en gage des assurances sur la vie. — *En fait*, on emploie trois procédés pour opérer la constitution en gage des assurances sur la vie : 1° quant au premier il n'y a rien à dire, c'est l'application pure et simple des articles 2074 et 2075, Code civil, et 91, dernier alinéa, Code de commerce ; 2° *procédé* spécial au cas où la police est à ordre, la constitution de gage s'opère alors souvent au moyen d'un endossement causé, valeur en garantie. Un jugement du tribunal de la Seine du 16 juillet 1886 (1) a décidé que les polices d'assurances sur la vie à ordre, ne peuvent pas être constituées en gage, à l'égard des tiers, au moyen d'un endossement à titre de garantie. On dit, dans ce sens, que l'endossement est une forme de cession ou de constitution de gage exceptionnelle, qui permet de transmettre un titre ou de l'affecter à un

1. *Journal des assurances*, 1887, p. 473.

créancier sans observer les formalités des articles 1690 et 2075 du Code civil. Par conséquent, l'endossement à titre de garantie n'est valable que quand il s'agit de titres dans lesquels la loi autorise expressément l'insertion de la clause à ordre (lettre de change, billet à ordre, chèque, warrant, connaissement).

Nous croyons, qu'il faut faire une distinction et que, spécialement en ce qui concerne le gage, les formalités de l'article 2075, Code civil, ne sont d'ordre public que lorsqu'il s'agit du gage civil de toute espèce de créances ou du gage commercial des créances à personne dénommée, dont la cession s'opère conformément à l'article 1690, Code civil.

En effet, en donnant à une créance la forme négociable d'un titre à ordre, on modifie le fond même du droit, la nature de la créance. Il ne s'agit plus, comme dans une créance à personne dénommée, d'une convention ayant donné naissance à un droit de créance dont le titre n'est que la constatation et la preuve ; au contraire, dans le titre négociable la créance est incorporée dans le titre, le débiteur ne doit qu'au titre. Du moment que la créance a pris la forme négociable, il faut écarter les formalités de l'article 2075, Code civil (au moins lorsqu'il s'agit d'un gage commercial, car nous avons admis qu'en cas de gage civil, l'article 2075 doit s'appliquer, car il ne fait aucune distinction, quoique au point de vue rationnel, il devrait être écarté). Par conséquent, toute la question revient à savoir si les contractants peuvent à leur gré, créer des créances négociables, créances incorporées dans un titre ? Nous croyons qu'il faut admettre le prin-

cipe de la liberté des conventions et répondre affirmativement.

3e procédé très usité. On dresse un *avenant de garantie*. On appelle ainsi un acte passé entre l'assuré et la
Compagnie et dressé en double exemplaire. Par cet acte,
il est convenu que le capital assuré, originairement stipulé payable aux héritiers enfants, etc... de l'assuré, sera
payé à telle personne (qui est le créancier) mais seulement jusquà concurrence des sommes qui lui sont ou qui
pourront être dues à celle-ci par l'assuré lors de son
décès, le surplus (s'il y en a un) étant réservé aux bénéficiaires primitivement désignés. Le créancier intervient
à cet acte et accepte la stipulation faite à son profit. Cet
acte n'est pas ordinairement enregistré (1).

Un arrêt de la Cour de cassation du 16 janvier 1888 a
essayé de justifier au point de vue légal, ce procédé,
dans ces termes : Attendu qu'une police dans laquelle le
bénéfice de l'assurance est stipulé au profit d'un tiers
nommément désigné peut, tant que ce tiers ne s'est pas,
par une acceptation, approprié les effets de la stipu'a.ion,
être modifiée par un avenant subst'tuant un autre nom à
celui qui avait été primitivement inscrit ; que cet avenant
laisse au contrat son caractère spécial de contrat d'assurances sur la vie, qui comporte pour sa régularité, l'intervention du stipulant et du promettant (autrement dit
de la Compagnie d'assurances) et qui ne saurait être con.
fondu avec un contrat de transport dont la validité et les
effets seraient subordonnés aux significations prescrites
par les articles 1690 et 2075 C. civ.

1. Je dois tous ces renseignements à l'obligeance de M. Lyon-Caen.

Nous croyons, contrairement à la doctrine de la Cour de cassation, que le procédé de l'avenant n'est pas légal.

Sans doute tant que le tiers désigné dans la police, n'a pas manifesté son acceptation, l'assuré stipulant demeure libre de refaire en quelque sorte son œuvre et de désigner un autre bénéficiaire qui reçoit le profit de l'assurance en vertu du principe même de la stipulation pour autrui ; mais il faut d'abord remarquer qu'il n'y a pas un simple changement de bénéficiaire, car ce second bénéficiaire n'aura le droit de toucher le capital assuré que s'il est encore créancier de l'assuré, lors du décès de celui-ci, et seulement dans la mesure de sa créance, le surplus, s'il y en a un devant appartenir aux bénéficiaires primitifs. Il y a donc, en réalité, une constitution en gage de la police d'assurance, dissimulée sous l'apparence d'une attribution conditionnelle du capital assuré au créancier gagiste. On peut donc objecter que puisqu'il s'agit d'une constitution en gage, il faut observer les formalités de l'article 2075 C. civil. Mais nous croyons que ce n'est pas un argument décisif, car on pourrait répondre qu'il faut s'attacher à la forme du contrat tel qu'il est intervenu entre les parties sans examiner si dans ses effets, il peut y avoir quelque chose d'analogue à une dation en gage ou une cession de créance. Or le contrat intervenu consiste en une stipulation pour autrui, donc les seules prescriptions à observer sont celles de l'art. 1121 C. civil.

Mais, il y a, à notre avis, une autre objection décisive, car elle touche au fond du droit. En effet, le contrat a pour effet d'attribuer le capital assuré au bénéficiaire (qui est créancier) s'il n'est pas payé le jour de la mort de l'assuré. C'est donc le pacte commissoire qui est prohibé en matière de gage, aussi bien par l'article 2078 Code civil que par l'alinéa final de l'article 93 C. de com.

3e *Formalité.* — *De la mise en possession.*

C'est la dernière condition, imposée par la loi pour l'efficacité du privilège du créancier gagiste. Elle est commune au gage civil ca'liet commer peu importe que la chose donrée en gage soit corporelle ou incorporelle, et si elle est incorporelle, qu'il s'agisse d'un droit réel ou de créance.

A cet égard, l'article 2076 Code civil et l'article 92, alinéa 1, du Code de commerce, s'expriment dans des termes identiques : *dans tous les cas le privilège ne subsiste sar le gage qu'autant que ce gage a été mis et est resté en la possession du créancier, ou d'un tiers convenu entre les parties.*

Quelle est la raison de cette exigence ? Le législateur est parti de l'idée suivante : Le contrat de gage étant destiné à procurer une sûreté au créancier gagiste et ayant pour objet une chose mobilière (le législateur avait surtout en vue les choses corporelles et les créances) comment assurer pratiquement l'efficacité de cette sûreté et la porter à la connaissance des tiers, autrement que par la mise en possession du créancier ? Ce double intérêt en matière immobilière est sauvegardé par l'inscription, qui d'une part, assure pleinement le créancier rendant son privilège ou hypothèque opposable à tous, et d'autre part, par la publicité qu'elle donne, l'inscription avertit les tiers qui voudraient entrer en relations avec le propriétaire de l'immeuble grevé. Mais ce moyen de publicité n'est pas applicable aux meubles.

En effet, les meubles et surtout les meubles corporels, n'ayant pas d'assiette fixe, et leur identité étant très difficile à reconnaître, comment et dans quel lieu, le créancier prendrait-il une inscription, pour rendre public son privilège; en outre étant donné le principe de l'article 2279, en fait de meubles, possession vaut titre, la garantie du créancier gagiste serait très fragile, exposée à s'évanouir à tout instant, faute de droit de suite.

Voilà pourquoi le législateur français, rompant avec la pratique du droit romain, a décidé dans l'article 2119 que les meubles n'ont pas de suite par hypothèque, ce qui signifie d'après l'interprétation la plus sûre, que les meubles ne sont pas susceptibles d'hypothèque, ni au point de vue du droit de préférence, ni au point de vue du droit de suite.

En effet, si le législateur français avait consacré l'hypothèque mobilière avec le droit de préférence et de suite, la publicité employée en matière immobilière, équivaudrait en matière mobilière (surtout meubles corporels) à l'absence de toute publicité. Car comment le créancier hypothécaire aurait-il pu trouver et reconnaître la chose qui lui a été affectée, lorsqu'elle aura fait l'objet d'une série de mutations, et pour la même raison, comment les tiers auraient-ils pu savoir si tel ou tel meuble a été hypothéqué? Il ne restait donc qu'un seul moyen pour concilier les divers intérêts en jeu; c'était le dessaisissement du débiteur ou du tiers qui a constitué le gage; le créancier mis en possession de l'objet donné en gage, est pleinement assuré, et les tiers ne seront pas trompés car ils verront que la chose n'est plus entre les mains du débiteur ou du tiers qui a consenti le gage. Il ne faut pas croire cependant que ce moyen est à l'abri de toute critique. En effet, si l'efficacité du droit du créancier gagiste, est assurée, en revanche le droit du propriétaire de l'objet donné en gage, est devenu très précaire, car en vertu de l'article 2279, les droits que le créancier gagiste pourrait conférer sur la chose, tel que gage ou transfert de propriété (suivie de tradition) pourvu qu'il s'agisse d'un meuble corporel ou titre au porteur seront opposables au constituant du gage. Par conséquent, dans tous les cas, il y a quelqu'un de sacrifié.

D'ailleurs si cette condition de la mise en possession s'explique par les considérations que nous venons de présenter, lersqu'il s'agit de meubles corporels, elle ne se justifie plus aussi bien quand il s'agit de créances, au moins de celles dont parle l'article 1690 du Code civil. On aurait pu comprendre que la loi se contentât pour la constitution du gage, du procédé de publicité qu'elle emploie en matière de cession, c'est-à-dire la signification au débiteur de la créance donnée en gage ou son acceptation par acte authentique.

Enfin si cette condition de la mise en possession est possible à remplir lorsqu'il s'agit de créances données en gage, car le plus souvent il y a un titre, il y a d'autres choses incorporelles, pour lesquelles cette condition est

difficile ou impossible à remplir comme nous le verrons
plus loin, et alors les parties pour se mettre en règle
avec la loi, ont recours à des expédients, qui sont loin de
répondre aux exigences d'un bon système de publicité.

De tout ceci on serait tenté de conclure que la mise
en possession est un mode assez imparfait de publicité.
Cependant M. Thaller dans son excellent livre des *Faillites
en droit comparé* arrive à une conclusion contraire (1) : tous
les privilèges (mobiliers), dit-il, devraient découler d'une
notion de gage, tous devraient être subordonnés à la
possession par le créancier de l'objet qu'il prétend affecté
à son droit. Pourquoi cette connexité nécessaire entre le
privilège et la rétention ? La raison en est simple. Tout
droit de préférence, pour être loyal et de bonne venue,
doit se révéler au dehors, car son exercice aboutit à une
véritable éviction des créanciers qui ont traité avec le
débiteur en suivant sa foi. Quand on fait crédit à un hom-
me, ce n'est pas sans s'être assuré tout d'abord de ses
moyens de remboursement et l'on évalue ces moyens
d'après la consistance de l'avoir dont il dispose. Tout bien
non estampillé et ne portant pas la marque d'une affectation spéciale, est traité comme libre et doit faire partie
du gage commun des créanciers. Quand il s'agira d'immeubles, l'estampille prendra la forme d'une inscription
hypothécaire ; les tiers qui désirent connaître l'exacte
situation du fonds ou se renseigner sur la mesure de ses
charges n'ont qu'à demander au conservateur, un extrait
du registre. Pour les meubles qui se déplacent journelle-

1. t. 2, p. 72 et s.

ment, et n'ont point d'assiette fixe, ce mode de publicité est impraticable, il faut le remplacer par un autre ; car supprimer entièrement toute manifestation extérieure, ce serait tendre à la bonne foi des tiers, un piège indigne. La publicité consistera donc dans un déplacement de possession et dans le nantissement du créancier. Si le meuble n'est pas détenu par son propriétaire, on recherchera pourquoi il a passé entre les mains d'un autre, l'existence de la dette préférée et la cause de l'affectation apparaîtront tout aussitôt, et les chirographaires cesseront de compter sur le prix de la valeur déplacée, par leur remboursement futur ».

Nous croyons qu'on se fait un peu illusion sur la valeur de la possession. On dit que le débiteur étant dessaisi de la chose qu'il a constitué en gage, ne pourra pas tromper les tiers par des apparences fausses de crédit, et les tiers ne seront plus victimes d'un piège indigne.

Mais d'abord il faut nous entendre sur la portée du mot tiers. Prend-on ce mot dans le sens que lui attribuent différents textes de lois : ceux qui ont acquis un droit sur la chose engagée par exemple, un acheteur, un second créancier gagiste. Dans ce cas il faut remarquer que ces tiers de bonne foi sont suffisamment protégés, au moins lorsqu'il s'agit de choses corporelles ou titres au porteur, par l'article 2279.

Donne-t-on au mot tiers une signification plus large et plus vague, voulant dire tous ceux qui pourront traiter avec le debiteur, qui deviendront ses créanciers chirographaires ; dans ce cas pour que la dépossession du débiteur remplisse véritablement ce rôle, de rendre publique la diminution apportée par le nantissement dans la valeur du patrimoine du débiteur (gage général de ses créanciers) il faudrait supposer que toute personne avant de devenir créancière, a les moyens et le temps de se livrer à une enquête minutieuse, pour connaître un à un tous les objets mobiliers corporels ou incorporels qui composent la fortune de celui dont elle veut devenir créancière. Or ceci, à notre avis, n'est vraiment pas pratique.

Nous croyons que celui qui veut devenir créancier chirographaire de quelqu'un ne calcule pas ses chances de remboursement, sur la consistance fluctuante du patrimoine dont la valeur peut être réduite à tout instant par l'adjonction d'autres créanciers, ou par des aliénations valablement consenties ; il compte plutôt sur la capacité et l'honorabilité de son débiteur ; en un mot il fait réellement crédit à la personne du débiteur, il suit la foi de celui-ci.

Donc, à notre avis, la dépossession du débiteur qui a constitué le gage, est plutôt dans l'intérêt du créancier gagiste qui autrement serait exposé à voir son gage s'évanouir, au moins lorsqu'il s'agit d'une chose corporelle ou titre au porteur, si le débiteur ou son héritier ignorant la constitution de gage, aliénait la chose au profit d'un tiers de bonne foi.

D'ailleurs, dans la manière de voir de M. Thaller, en s'attachant seulement au dessaisissement de celui qui a constitué le gage et à la publicité qui en résulterait pour ceux qui deviendraient ses ayants-cause, on oublie la contrepartie. En effet, le constituant étant dessaisi, c'est le créancier gagiste qui est saisi de la chose engagée, n'est-il pas dès lors à craindre que les tiers qui entrent en relation d'affaires avec lui, ne sachent pas à quel titre il détient la chose qu'ils voient en sa possession, et alors ils pourront être trompés par les apparences fausses de crédit, qui se trouvent maintenant du côté créancier gagiste.

M. Thaller, à notre avis, devrait aller plus loin encore et ne pas se borner à exiger que tous les privilèges fussent subordonnés à la possession par le créancier. Il devrait exiger la dépossession aussi pour le cas de cession ou de transmission de propriété et même à plus forte raison, car tandis que le créancier gagiste n'acquiert qu'un privilège, en cas de cession, la chose ne fait plus du tout partie du patrimoine du cédant. Or, la loi française a posé le principe général de l'article 1138 Code Civil, en vertu duquel le transport des meubles corporels et titres au porteur qui leur sont assimilés s'opère par la seule convention des parties *erga onnes* (sauf l'application de l'art. 1141 Code civil qui n'est qu'une répétition du principe posé dans l'art. 2279). Le vendeur restant en possession des choses vendues, les tiers ne seront-ils pas trompés par les apparences ? De même lorsqu'il s'agit d'une cession de créance selon l'article 1690 Code civil, même à l'égard des tiers, la mise en possession du cessionnaire n'est pas exigée par la loi, tandis qu'en cas de constitution en gage de la même créance, l'article 2078 exige la mise en possession. Et cependant n'y avait-il pas même raison de décider, dans les deux cas, si la possession par le titulaire originaire de la créance pouvait induire les tiers en erreur ?

D'ailleurs en ce qui concerne spécialement les créanciers chirographaires, ils n'acquièrent en tant que chirographaires, sur la chose engagée par exemple, aucun droit propre ; par conséquent tant que par une saisie-arrêt, par exemple, un créancier chirographaire n'a pas acquis la qualité de tiers, il ne peut pas se prévaloir de l'absence des formalités prescrites en matière de gage. Il résulte de là que même en matière de gage, il pourrait arriver qu'au moment où les personnes traitent avec le constituant et deviennent ses créanciers chirographaires, elles soient trompées par les apparences, le voyant en possession de différents meubles corporels et incorporels, dont rien ne leur révèle l'affectation spéciale, et puis que plus tard, au moment d'une saisie par exemple, la constitution de gage leur est opposée ayant été régularisée dans l'intervalle par l'accomplissement de toutes les formalités prescrites.

Pour être complet, nous ajouterons que ce danger ne se présente pas seulement pour les créanciers chirographaires, mais même pour les tiers qui ont acquis un droit propre sur la chose déjà affectée, qu'il s'agisse d'un meuble ou d'un immeuble. Ainsi, supposons par exemple qu'il s'agit d'un immeuble qui a été vendu, mais l'acheteur n'a pas encore transcrit l'acte d'aliénation, et le vendeur est resté en possession de l'immeuble. Les choses étant ainsi, le vendeur consent une nouvelle aliénation, on concède une hypothèque sur l'immeuble déjà aliéné ; le tiers peut être de bonne foi, et il n'a aucune faute à se reprocher, car rien ne lui révèle l'aliénation consentie. Puis lorsqu'il veut rendre son droit opposable aux tiers par une transcription ou inscription, il s'aperçoit que l'immeuble sur lequel il a cru acquérir un droit avait été déjà aliéné, et que l'acte d'aliénation est transcrit. Il n'a donc rien acquis et il ne lui reste qu'un recours, peut-être illusoire, contre son auteur de mauvaise foi.

Pour revenir à la matière du gage, nous dirons donc que la mise en possession ne présente vraiment de l'intérêt *lorsqu'il s'agit de meubles corporels ou titres au porteur*, que pour le créancier gagiste, qui, autrement aurait vu son gage anéanti, par suite d'une aliénation ou constitution en gage de la chose, au profit d'un tiers de bonne foi (art. 2279).

Mais qu'en est-il à ce double point de vue, lorsqu'il s'agit d'autres choses incorporelles que les titres au porteur ?

Et d'abord en ce qui concerne les *créances à personne dénommée* de l'article 1690, la condition du dessaisissement du constituant n'était *nécessaire ni pour le créancier gagiste, ni pour les tiers*. C'est ce que la loi admet elle-même lorsqu'il s'agit d'une cession. En effet il résulte de l'article 1690, que même à l'égard des tiers, le cessionnaire n'a qu'à remplir la formalité de la signification au débiteur cédé ; il importe peu que le titre de créance reste entre les mains du cédant. Pourquoi en est-il autrement en cas de constitution en gage, car il n'y avait pas raison de distinguer. En effet, le titre de créance n'est qu'un moyen de preuve, ne fait que constater le droit du créancier mais ne le constitue pas, de sorte que le débiteur pourrait valablement se libérer entre les mains de son créancier, quoique celui-ci ne fût plus en possession du titre si la signification ne venait pas avertir le débiteur, que la créance a été cédée (art. 1691 C. civ.).

De même les tiers, avant d'acquérir un droit sur la créance, iront, la loi le suppose, se renseigner auprès du débiteur pour lui demander si la créance n'a pas été déjà l'objet d'une cession notifiée. Pourquoi n'en serait-il pas de même en cas d'une constitution en gage ?

En ce qui concerne *les titres négociables*, c'est-à-dire *les titres à ordre*, la condition du dessaisissement serait *utile au créancier gagiste ;* en effet on admet que dans le titre à ordre comme dans le titre au porteur, la créance est incorporée dans le titre, de sorte qu'une personne de bonne foi au profit de laquelle un titre à ordre a été endossé, acquiert le droit au paiement malgré l'absence de droit chez celui qui a endossé (1).

Enfin lorsqu'il s'agit *d'un titre nominatif*, le nom du titulaire est mentionné sur le titre, et inscrit sur les registres de l'établissement débiteur. C'est l'inscription qui constitue le droit du titulaire. Nous croyons donc qu'ici le dessaisissement du titre n'est pas nécessaire au point de vue rationnel pour protéger le créancier gagiste. En effet la compagnie qui aura reçu signification d'une mise en gage (si on admet avec nous qu'en cas de gage civil d'un titre nominatif, il faut remplir les formalités de l'art. 2075 C. civ.) ou une déclaration de transfert à titre de garantie, pourra renseigner les tiers qui voudraient ultérieurement acquérir des droits de celui qui est inscrit comme créancier sur les registres de la Compagnie.

Donc, en résumé, lorsqu'il s'agit de créances, nous croyons que le dessaisissement est utile au créancier ga-

1. Voir MM. Lyon-Caen et Renault. *Traité*, t. 4, n° 321. Namur *Droit commercial*, n° 661.

giste, lorsqu'il s'agit de titres au porteur ou à ordre, mais il n'est plus nécessaire pour les créances de l'article 1690 C. civil, et pour les titres nominatifs.

Ayant terminé avec ces considérations générales, nous allons étudier l'article 2076 car l'article 92 C. de commerce, n'est, comme nous l'avons vu, qu'une répétition de l'article 2076 et son application aux différents cas qui peuvent se présenter dans la pratique.

La loi dit : dans tous les cas, le privilège est subordonné à la mise en possession du créancier. Ces mots « dans tous les cas » se rapportent aux deux articles qui précèdent et qui traitent l'un du gage des meubles corporels, l'autre du gage des meubles incorporels. Donc la mise en possession est une condition générale requise dans tout nantissement, quel qu'en soit l'objet. Quels caractères doit avoir cette possession ?

Pour répondre à la pensée du législateur il faut une possession réelle dans le sens de l'article 1141 C. civil. Il ne suffirait donc pas, comme cela suffisait en droit romain, que le débiteur déclarât posséder la chose au nom et pour le compte de son créancier, soit comme locataire ou dépositaire soit à tout autre titre. Le constitut possessoire ne satisfait pas au vœu de la loi, car, disent les auteurs, pour mettre les tiers à l'abri des surprises ou des fraudes la loi a voulu la dépossession effective et réelle du débiteur, c'est-à-dire une dépossession telle que la chose étant engagée, le débiteur ne pût pas désormais s'en servir comme d'un actif susceptible d'ajouter à son crédit. Et c'est pour cette raison, que la loi exige la mise en possession même pour les meubles incorporels, en par-

ticulier pour les créances; en effet, dit M. Pont (1), la signification qui est une indispensable formalité pour opérer la saisine à l'égard des tiers, ne suffit pas, notamment, à prévenir les fraudes, puisque par elle-même, elle
ne fait pas apparaître aux yeux des tiers, les charges dont
l'objet du contrat peut être déjà grevé. Il fallait donc compléter la signification par la tradition, qui en faisant passer
les choses aux mains du créancier, met le débiteur hors
d'état d'en pouvoir faire usage à nouveau. La saisine du
créancier reçoit ainsi sa perfection, parce que le débiteur
se trouve dépouillé du moyen de disposer en fait de la
chose et de faire croire qu'elle est encore dans son patrimoine, à sa libre disposition.

Nous allons étudier successivement la condition de la
possession, suivant que la chose engagée est un droit de
créance ou un droit réel.

A. — *Droits de créance.*

Lorsqu'il s'agit d'une créance, nous venons de voir
comment on cherche à justifier la condition de la mise en
possession. Quant à nous, dans les explications précé-
dentes auxquelles nous renvoyons, nous avons essayé de
montrer dans l'intérêt de qui, cette condition doit être
remplie, et qu'il aurait fallu faire des distinctions dans
son application (car le texte de l'article 2076 est général) suivant les différentes formes des titres de créance.

Mais la mise en possession du créancier gagiste est-elle
vraiment exigée par la loi, lorsque l'objet du gage est

1. *Petits contrats*, t. II, n. 1131.

une créance? Il y a une opinion qui soutient la négative.

Elle se trouve énoncée pour la première fois, à notre connaissance, dans un jugement du tribunal civil de la Seine de 1843 (1) et voici le passage saillant du jugement : Si la loi exige immission du meuble donné en gage, des mains du débiteur en la possession du créancier, ce ne peut être que lorsqu'il s'agit d'un meuble corporel mais non lorsqu'il consiste en une créance, ce genre de meubles ne formant point un corps, et n'étant pas par conséquent, par la nature des choses, susceptible de possession réelle et matérielle. Qu'aussi en cas de gage de créance, l'article 2075 C. civ. se borne à exiger un acte le constatant et sa signification au débiteur de la créance ; Attendu qu'on ne peut prétendre que, indépendamment de ces formalités, la loi exige la remise de titres établissant la créance ; qu'en effet ce n'est point le titre qui est donné en gage, mais bien la créance dont le titre n'est que l'instrument et la preuve ; d'où il suit que la remise du titre ne peut être considérée comme étant de l'essence du contrat et que si la loi voulait en faire une condition *sine quâ non* de sa validité, elle devait l'exprimer formellement, ce qu'elle n'a point fait ; que d'un autre côté, cette prétendue nécessité de la remise du titre, irait jusqu'à interdire la dation en gage d'une créance qui ne serait point établie par titres, tandis que l'article 2075 ne distingue pas, en permettant en termes généraux de donner en nantissement les meubles incorporels, ce qui prouve même, par une conséquence forcée, qu'en matière de meuble incorporel

1. Dalloz 45, 4ᵉ partie p. 353.

ou de créance, la tradition du titre n'est pas de l'essence du gage ; que vainement on objecte ces premiers mots de l'article 2076, « dans tous les cas » pour prétendre que, soit qu'il s'agisse d'un objet matériel, soit qu'il s'agisse d'un meuble incorporel, le privilège du gage n'a lieu que lorsqu'il a été mis et est resté en la possession du créancier ; que d'une part, il est bien évident que cette disposition ne peut s'appliquer qu'à une chose corporelle, seule susceptible d'être possédée et non à une créance ou meuble incorporel dont la tradition et la possession réelles sont impossibles; mais que, d'un autre côté, ces mots, dans tous les cas, se concilient parfaitement avec les dispositions antérieures, qui tantôt exigent des actes notariés ou sous seing privé pour constater le gage, tantôt n'en exigent pas, lorsque par exemple la preuve testimoniale est admissible, cas divers dans lesquels l'exercice du privilège est toujours attaché à la prise de possession par le créancier de l'objet corporel donné en gage; et attendu que les contrats doivent être appréciés d'après les conditions de leur nature propre; qu'il peut être de la nature du gage corporel, que pour sa validité, il y ait dépossession réelle, matériel-le, des mains du débiteur dans les mains du créancier ; mais qu'il n'est pas de la nature d'une cession de créance à titre de gage, qu'il y ait remise du titre, ce titre n'étant pas la chose donnée en gage ; que c'est ainsi qu'au chapitre du transport des créances et autres droits incorporels la validité du contrat n'est point soumise à la délivrance par la remise du titre ; que s'il pouvait en être autrement en matière de gage, il s'ensuivrait cette bizarre conséquence que qui pourrait le plus, ne pourrait le moins, puisqu'un transport définitif de créance serait valable sans qu'il y eût remise du titre, et que, si ce transport n'était qu'à titre de gage, il serait nul si la tradition du titre n'avait pas été faite et constatée ; Attendu, enfin, que l'opinion contraire ne peut donner d'autre motif à la nécessité de la remise du titre de la créance engagée, que la crainte des fraudes, mais que ce qui prouve que ce motif n'a point préoccupé le législateur, c'est qu'il n'a point exigé cette remise sous peine de nullité pour un transport définitif lorsque cependant elle devait exister à plus forte raison.

Cette doctrine a été reprise de nos jours, à peu près dans les mêmes termes que M. Colmet de Santerre (1). Elle se résume dans les arguments suivants : La possession dont par l'article 2076 c'est la *détention matérielle* (en effet d'après l'art. 2079 jusqu'à l'expropriation du débiteur, le gage n'est dans la main du créancier qu'un dépôt) or dit-on comment *détenir matériellement* une chose immatérielle ? La détention du titre de créance ne satisfait pas à l'article 2076 qui exige *la mise en possession du gage*, car ce n'est pas le titre qui est donné en gage mais bien la créance dont le titre n'est que l'instrument et la preuve. Donc, dit-on, si la loi avait voulu la remise du titre, elle s'en serait expliquée formellement comme dans l'article 1689 C. civ. On invoque un argument d'analogie tiré de l'article 1690, d'où il résulte qu'en cas de cession de créances, la remise du titre n'est pas nécessaire pour ensaisiner le cessionnaire à l'égard des tiers. Or l'engagement d'une créance ne saurait être soumis à plus de

1. Droit civil de Demante continué par M. Colmet de Santerre, t. 8, n° 302 bis, V, et n° 302 bis, VI.

formalités que la cession, qui est au moins tout aussi dangereuse pour les tiers qui traitent avec le cédant.

Enfin quant à l'argument que tire l'opinion adverse des mots de l'article 2076 « dans tous les cas », on l'écarte en disant que par la force des choses l'article 2076 ne peut s'appliquer qu'à une chose corporelle, car il parle du gage qui doit être mis en possession du créancier ; et pour expliquer les premiers mots de l'article 2076, on prétend que le législateur a voulu dire par là que la remise du gage était nécessaire, peu importe qu'on soit en matière excédant ou non 150 francs, c'est-à-dire qu'il a fait allusion aux distinctions faites par l'article 2074 C. civ.

Nous croyons, contrairement à cette opinion, et avec la jurisprudence et presque tous les auteurs que la constitution en gage d'une créance exige, pour que le privilège du créancier gagiste prenne naissance et subsiste, que celui-ci soit mis et demeure en possession du titre de créance.

L'opinion contraire, a été, à notre avis, réfutée d'une manière péremptoire par M. Lyon-Caen (1). D'abord les principes généraux qui ont régi le gage depuis le droit romain jusqu'au droit actuel sont absolument contraires à une constitution en gage sans mise en possession du créancier gagiste. En droit romain le contrat de gage était un des quatre contrats qui se formaient *re* par la remise de la chose au créancier.

Sans doute on a admis aussi une espèce de gage sans déplacement pour les meubles aussi bien que pour les immeubles, mais c'était en réalité l'hypothèque. Mais le

1. Dissertation sous un arrêt de la Cour de cassation du 20 janvier 1886 dans Sirey, 86, 1, 305 *J. Pal.* 86, 1, 732.

gage proprement dit n'a jamais eu lieu sans remise de la chose, et c'est même le *gage de créance* réalisé par la remise du titre, qui en droit romain, a précédé et servi de modèle à *l'hypothèque sur les créances* comme il résulte du texte suivant d'Ulpien : *Digeste* de pign et hyp., loi 20, liv. 20, t I : *Cum convenit, ut is qui ad refectionem œdificii credidit, de pensionibus jure pignoris ipse creditum recipiat, etiam actiones utiles adversus inquilinos accipiet, cautionis exemplo, quam debitor creditori, pignori dedit.*

Nous voyons donc qu'en droit romain le *pignus nominis* en tant que gage, se réalisait par la remise de la *cautio.*

Du droit romain, le contrat de gage passa comme contrat réel dans l'ancien droit français. Ce qui le prouve, c'est que Pothier (1) soutenait que les choses incorporelles, telles que les dettes actives, ne sont pas susceptibles du contrat de nantissement, et il donnait comme raison qu'elles ne sont pas susceptibles d'une tradition réelle qui *est de l'essence de ce contrat.* Dans son traité de l'hypothèque (2), il revient sur la question en ces termes : Les choses incorporelles, comme sont les dettes actives, sont-elles susceptibles de nantissement ? La raison de douter est que les choses incorporelles ne sont pas susceptibles de possession ni de tradition, ni par conséquent de nantissement qui *ne se contracte que par la tradition* et en mettant *le créancier en possession de la chose.* Néanmoins, comme la tradition, dont les dettes

1. *Traité du contrat de nantissement* N° 6.
2. n° 211.

actives ne sont pas susceptibles, peut se suppléer en remettant à celui à qui on la donne en nantissement, le *billet ou obligation du débiteur* qui est l'instrument *de cette dette active* etc., etc… il y a lieu de soutenir que les dettes actives sont aussi susceptibles de nantissement. Les rédacteurs du Code ont-ils voulu innover par rapport à la pratique de l'ancien droit ? Rien dans les travaux préparatoires ne nous autorise à le penser. Au contraire, dans l'exposé de motifs relatif au titre du nantissement, M. Berlier dit sans aucune distinction (1) : La *mise effective du créancier en possession de la chose* appartenant à son débiteur est de *l'essence de ce contrat.* M. Gary dans le rapport fait au tribunat s'exprime en des termes identiques Et même l'article 2076 n'a donné lieu à aucune discussion comme il résulte des procès-verbaux du Conseil d'Etat.

A *l'argument historique,* nous pouvons ajouter un *argument de texte* tiré de l'article 2076. En effet voici l'ordre suivi par le législateur : dans l'article 2074 il énumère les formalités nécessaires pour la *constitution en gage des choses corporelles ;* dans l'article 2075, celles *nécessaires pour la constitution en gage des meubles incorporels ;* et puis il énonce dans l'article 2076 la dernière condition *en disant que dans tous les cas,* il faut qu'il y ait une mise en possession du créancier gagiste. Or ces mots « dans tous les cas » ne prouvent-ils pas la portée générale de l'article 2076 ? L'opinion contraire avoue la force de cet argument, mais essaie de l'écarter en donnant une toute autre interprétation à ces mots, comme nous l'avons vu. Mais cette explication à notre avis, est absolument

1. Locré, t., 16, p. 23.

forcée et on est obligé de reprocher au législateur un manque de logique dans l'ordre donné aux articles. En effet si on dit que les mots « dans tous les cas » de l'article 2076 font allusion aux distinctions faites par l'article 2074, alors l'article 2076, logiquement aurait du suivre immédiatement après l'article 2074 et non après l'article 2075 s'il ne se refère qu'à l'article 2074 exclusivement.

D'ailleurs nous avons une confirmation de notre opinion dans l'article 92 nouveau Code de commerce, introduit par la loi du 23 mai 1863. En effet dans l'article 91 la loi de 1863 indique les formes de constitution du gage commercial, qui varient suivant qu'il s'agit de choses corporelles (ou titres au porteur) ou de créances, et dans ce dernier cas, suivant que la créance est à ordre ou transmissible par voie de transfert ou enfin à personne dénommée. Dans cet article, la *distinction de l'article 2074 Code civil*, fondée sur l'importance de la dette garantie ou sur la valeur du gage, n'est pas reproduite.

Et cependant l'article 92 qui exige la mise en possession du créancier gagiste, débute, comme l'article 2076 Code civil, par les mots: *dans tous les cas*, ce qui évidemment veut dire que la mise en possession est exigée, quel que soit l'objet engagé, chose corporelle ou créance. Or si la remise du titre est exigée pour le gage commercial, elle doit l'être aussi et même à *fortiori* pour le gage civil car la loi de 1863 a eu pour objet de rendre la constitution de gage plus facile en matière commerciale, en le débarrassant des formalités du Code civil.

Il est vrai qu'on nous fait une objection tirée aussi de l'article 2076. Ce que l'article 2076 exige, dit-on, c'est que le gage soit mis en possession du créancier ; or la remise du titre de créance au créancier gagiste, n'est pas la remise du gage, car ce qui est engagé c'est la créance et non pas le titre qui la constate. Cette remarque est juste, mais le législateur savait très bien que la nature des choses s'oppose à ce que la mise en possession ait pour objet la créance elle-même et alors il a dû se contenter de la remise du titre qui prouve la créance et en est pour ainsi dire la représentation matérielle. C'était d'ailleurs, comme nous l'avons vu, la solution du droit romain, et la pratique de l'ancien droit attestée par Pothier qui s'y est rallié. Sans doute le mot gage n'est pas absolument exact dans ce cas, mais le législateur a voulu embrasser par un seul mot aussi bien l'hypothèse d'une mise en gage d'une chose corporelle que celle d'une chose incorporelle. D'ailleurs l'article 1607 Code civil, n'est-il pas un argument en faveur de notre opinion lorsqu'il dit que la tradition des droits incorporels se fait par *la remise des titres* etc. Nous voyons donc que la *tradition du titre suffit* pour la *tradition du droit lui-même.*

D'ailleurs, il faut remarquer qu'il n'est pas exact de dire d'une manière générale, que lorsqu'il s'agit d'une créance le titre n'en est que l'instrument et la preuve. Ceci n'est vrai que pour *les créances à personne dénommée* dont parle l'article 1690, et peut-être pour les titres nominatifs. Mais, on admet généralement que lorsqu'il *s'agit de titres au porteur ou à ordre*, la créance est incorporée dans le titre, ne fait plus qu'un, avec le titre, de sorte que le débiteur ne doit qu'au titre et en vertu du titre. Dans ce cas, l'article 2076 s'applique à la lettre, la remise du titre c'est la *remise du gage.*

On dit, dans l'opinion adverse, que lorsqu'il s'agit d'une créance, la mise en possession est inutile, puisque la loi a organisé un moyen de publicité préférable, la *signification.*

Nous dirons d'abord que lorsqu'il s'agit de titres au porteur ou à ordre, la mise en possession est utile au créancier gagiste, car dans le premier cas, un tiers de bonne foi qui aurait acquis le titre au porteur du constituant serait protégé par l'article 2279, et lorsqu'il s'agit d'un titre à ordre, on admet aussi que le porteur du titre endossé qui est de bonne foi ne peut être évincé.

Lorsqu'il s'agit d'une créance à personne dénommée ou titre nominatif, l'objection est juste, mais le texte est formel et on peut dire que la loi a probablement pensé que si le titre restait entre les mains du constituant, les tiers seraient plus facilement induits en erreur.

Enfin la dernière objection faite est tirée de la comparaison de l'article 2075 et 1690 code civil. Il résulte dit-on de l'article 1690 qu'en cas de cession de créances, la remise du titre n'est pas exigée à l'égard des tiers. Or l'engagement d'une créance ne saurait être soumis à plus de formalités que la cession qui est au moins aussi dangereuse pour les tiers qui traitent avec le cédant que la constitution de gage.

Cette objection, est, à notre avis, très fondée, mais elle doit être faite au législateur. Au point de vue rationnel il n'y a aucune raison de distinguer, mais il est certain que le code civil a voulu faire cette distinction entre le gage et la vente. Ainsi, tandis qu'en matière de vente mobilière, (chose corporelle) le code applique le principe de l'article 1138 vente parfaite *solo consensu* (sauf application de l'article 1141) l'article 2074 exige pour l'existence du privilège du créancier gagiste, en matière dépassant 150 francs, un acte public ou sous seing privé, dûment enregistré. Dans le même esprit, il a entouré de plus de formalités, la constitution en gage que la vente des créances.

De la règle que le créancier gagiste doit être mis en possession du titre de la créance donnée en gage, découle cette conséquence que si la créance n'est pas constatée par un acte écrit, elle ne peut être donnée en gage. La jurisprudence a statué dans ce sens dans l'hypothèse où un mari avait donné en gage la créance résultant des impenses par lui faites sur les immeubles propres de la femme ; le gage ainsi constitué a été annulé par le motif que l'obligation imposée par l'article 2076 à la constitution de gage n'a pas été remplie et qu'elle ne pouvait l'être, puisqu'il s'agissait d'une créance sans titre (1). Par titre il faut entendre l'acte sous seing privé ou authentique qui constate l'existence de la créance ou du droit. S'il est sous seing privé, le débiteur pour satisfaire à l'article 2076, remettra l'original. Si l'acte a été dressé par un notaire, suffit-il de la remise d'une expédition, ou faut-il la remise de la grosse ? Un arrêt de la Cour de Liège du 31 décembre 1859 (2) s'est prononcé dans ce dernier sens. Le raisonnement de la Cour peut se résumer ainsi :

1. Sirey, 39, II, 53.
2. *Pasicrisie Belge* ; 60, 2, 133.

pour répondre à la pensée qui a dicté l'article 2076, il faut que le dessaisissement du débiteur et la mise en possession du créancier ait lieu, d'une manière complète, positive et non équivoque, pour que les tiers soient réellement avertis que la chose est affectée d'un droit réel de préférence. Or la remise des expéditions n'atteint pas ce but. En effet la loi ne limite point le nombre d'expéditions simples que les notaires sont autorisés à délivrer aux parties, et chaque expédition d'un même acte pourrait être donnée en gage par un créancier de mauvaise foi.

Cependant la jurisprudence française (1) et la majorité des auteurs sont en sens contraire. M. Lyon-Caen dans la dissertation sous l'arrêt dit que l'opinion de la Cour de Liège est difficilement admissible comme interprétation des textes qui se bornent (art. 2076 C. civ., 92 C. de com.) à exiger la remise du titre. Or, l'expédition est un titre. Il est vrai que des fraudes sont à craindre avec la remise d'une simple expédition, mais la remise d'une grosse ne rendrait pas impossible l'affectation frauduleuse de la même créance à plusieurs créanciers gagistes. Car, si, en principe, il n'est délivré qu'une grosse pour un acte authentique (acte notarié ou jugement) cependant on peut se faire délivrer une seconde grosse, en présentant à cet effet une requête au président du tribunal civil (art. 844, 845, 854 C. procéd.).

Bien plus on admet généralement que l'intervention de l'autorité judiciaire n'étant exigée en cette matière que

1. Arrêt de la Cour de cassation du 20 janvier 1886 (Sirey 86,1, 305).

dans l'intérêt du débiteur, une nouvelle grosse peut être délivrée sans que le président du tribunal civil ait à donner son autorisation, si le débiteur y consent (1).

Malgré les autorités imposantes qui défendent cette opinion, nous hésitons à nous y rallier. En effet, on nous dit que les articles 2076 Code civil et 92 Code de commerce se bornent à exiger la remise du titre et que l'expédition est un titre. Mais on n'a qu'à lire les articles précités, pour se convaincre qu'ils ne disent pas ce qu'on leur fait dire. Ils ne parlent pas de la remise du titre parce qu'ils ne prévoient pas d'une manière spéciale comment s'opère la mise en possession lorsqu'il s'agit d'une créance. Ils exigent la mise en possession *du gage*, et il s'agit précisément de savoir comment, lorsque l'objet engagé est une créance, on pourra satisfaire le mieux, au vœu de la loi. Or, à ce point de vue, comme le dit très bien M. Guillouard qui cependant repousse l'opinion de la Cour de Liège, la remise du titre de la créance au créancier gagiste, a pour but de l'approprier de la créance dans la mesure où la nature de ce droit le permet, en lui donnant la possession du seul acte en vertu duquel le débiteur de la créance puisse être poursuivi ; s'il ne possède pas la créance, il en possède et il en possède seul le signe apparent.

Or ce résultat, évidemment, n'est pas atteint lorsque le constituant remet au créancier gagiste une *expédition de l'acte* authentique, car il peut s'en faire délivrer,

1. Dans le même sens MM. Laurent t. 28, p. 471, Guillouard *Traité du nantissement*, p. 90, Baudry-Lacantinerie et de Loynes *Des privilèges et hypothèques*, I, n° 76 p. 54.

autant que bon lui semble et faire croire ainsi aux tiers, qu'il a encore la libre disposition de sa créance. Sans doute, on objecte que la remise de la grosse n'empêche pas toute fraude. Mais il faut remarquer qu'elle sera bien plus rare, car il y a toute une procédure à suivre pour obtenir une seconde grosse (en effet, il n'y a pas à supposer le cas où une seconde grosse sera délivrée avec le consentement du débiteur, car si la première grosse a été remise au créancier gagiste, il y a eu aussi une signification au débiteur, de la constitution en gage, par conséquent celui-ci ne saurait consentir à la délivrance d'une seconde grosse, sans encourir, le cas échéant à l'égard des tiers, la responsabilité de l'art. 1382 C. civ.) (1).

Une question discutée et qui se rattache à l'article 2076 est celle de savoir comment s'opère la mise en possession du créancier gagiste lorsque le gage est constitué en *titres de rente nominatifs sur l'Etat*? Nous croyons que le *transfert en propriété du titre* au profit du créancier gagiste n'est point nécessaire, pour dessaisir le titulaire de la rente et qu'il suffit de remplir les formalités des articles 2075 et 2076 Code civil. Un auteur (2) s'est même demandé si vraiment la remise de l'extrait d'inscription au créancier gagiste, était nécessaire, étant donné que le titre véritable n'est pas l'extrait mais bien l'inscription au Grand Livre, le gage se trouve donc bien réellement entre les mains d'un tiers, c'est-à-dire le Trésor public.

1. Dans notre sens, croyons-nous car il s'agit seulement d'un cas analogue M. Pont *Petits contrats* t. II n° 1033.

2. M. Deloyson. *Traité des valeurs mobilières*. p. 110.

C'est à notre avis, aller trop loin, car l'article 2074 parle d'un tiers convenu entre les parties, suppose donc quelqu'un qui n'est ni le créancier, ni le débiteur.

Cependant la jurisprudence est hésitante sur la question. Ainsi un arrêt dela Cour de Paris du 4 décembre 1886 (1) confirmant un jugement du tribunal de Melun du 5 août 1886 décide que le principe de l'insaisissabilité de la dette publique inscrite s'oppose à ce que la rente sur l'Etat fasse l'objet d'un transfert forcé, opéré par autorité de justice; qu'il suit de là que le titulaire d'une inscription qui entend constituer un privilège de gagiste sur la dite inscription, n'est légalement dessaisi de la chose par lui offerte en gage, qu'autant qu'il a remis au créancier gagiste ou à son représentant non seulement le titre de rente, mais encore un transfert d'ordre donnant pouvoir au dépositaire vis-à-vis du Trésor de vendre le titre, s'il y a lieu, et d'en opérer le transfert définitif à l'acquéreur éventuel; que jusque-là le dépositaire du titre n'est pas mis en possession dans le sens de l'article 2076. La Cour de Cassation, saisie de la question a confirmé l'arrêt de la Cour de Paris mais sans se prononcer sur la question, ayant trouvé d'autres motifs pour rejeter le pourvoi. Tout récemment un jugement du tribunal civil de la Seine du 29 juin 1893 (2) s'est prononcé dans le même sens que la Cour de Paris, invoquant les mêmes arguments qui se réduisent en réalité à celui-ci que la rente sur l'Etat ne peut faire l'objet d'un transfert forcé, opéré par autorité de justice, et que par conséquent le créancier ne pourra

1. Dalloz 88, 1, 145. Sirey 88, 1, 165.

2. *Gazette des tribunaux* du 12 novembre 1893.

pas arriver à faire vendre le titre de rente donné en gage, si un transfert n'a pas été opéré à son profit.

A cette objection il y a deux réponses à faire ; d'abord l'acte par lequel le débiteur consent un droit de gage sur la rente dont il est titulaire contient *un consentement impli-cite* à la vente du titre si la dette n'est pas payée à l'échéance. Donc la décision judiciaire qui ordonne la vente n'est en réalité que la sanction de la volonté du titulaire de la rente. En second lieu, la loi du 28 floréal an VII prévoit elle-même, dans l'alinéa 4 de l'article 6, l'hypothèse d'un transfert opéré en vertu d'un jugement. Il y est dit formellement : si la mutation s'est opérée *par jugement*, le greffier dépositaire de la minute délivrera le certificat. Tout ceci a été, à notre avis, très bien démontré dans un arrêt de la 3e chambre de la Cour de Paris du 26 janvier 1894 (1) dont voici le passage principal : considérant que les règles du Code civil sur le nantissement sont générales et doivent être appliquées dans tous les cas où il n'y a pas été dérogé par une loi spéciale.

Qu'aucune exception n'y a été apportée en ce qui concerne les nantissements en rentes nominatives sur l'Etat lorsqu'ils sont destinés à garantir des prêts faits par de simples particuliers ou par des sociétés ordinaires ; que le transfert des rentes données en gage n'est prescrit que par des actes législatifs concernant exclusivement certains établissements de crédit, telle que la Banque de France et le Crédit Foncier, sur lesquels le gouvernement s'est réservé un droit de contrôle et de surveillance ; que le caractère restrictif de ces règlements

1. Dalloz 94, 2, 215. Sirey, 91, 2, 93.

et l'impossibilité de les appliquer à des cas autres que ceux pour lesquels ils ont été établis sont d'autant plus incontestables que la commission du Corps législatif, chargée de faire un rapport sur le projet de la loi du 23 mai 1863, avait proposé non d'imposer le transfert comme une condition nécessaire à la validité des nantissements en rentes sur l'Etat, mais seulement *d'autoriser* leur constitution par cette voie, et que, même réduite à ces termes, sa proposition a été repoussée ; que depuis lors, aucun changement n'a été apporté à la législation sur ce point ; qu'en vain est-il objecté que le créancier non payé à l'échéance ne pourra faire vendre les rentes qui lui ont été données en gage et s'en appliquer le prix, s'il n'en a été saisi par un transfert ; que suivant l'art. 2078 Code civil le créancier nanti d'un gage dans le sens des art. 2071 et 2076 précités, peut, à défaut de payement, faire ordonner en justice que le gage lui demeurera en payement jusqu'à due concurrence, d'après une estimation par experts, ou qu'il sera vendu aux enchères ; que l'art. 6 de la loi du 28 floréal an VII prévoit le cas où la mutation de propriété d'une inscription de rente s'opère en vertu d'un jugement et décide que le nouvel extrait d'inscription sera délivré sur le certificat du greffier dépositaire de la minute du jugement etc...

Le *droit de bail* peut-il être l'objet d'un droit de gage ? Si l'on admet avec M. Troplong que le bail engendre un droit réel et immobilier, la négative est certaine.

Il en serait de même dans l'opinion de M. Colmet de Santerre qui admet que le bail, quoique personnel, est un droit immobilier.

L'opinion de M. Troplong a été désavouée par son auteur même et elle est abandonnée par tout le monde.

Quant à l'opinion de M. Colmet de Santerre, elle vaut la peine d'être examinée. Voici les arguments invoqués (1) :

L'article 526 Code civil qui énumère les immeubles par l'objet auquel ils s'appliquent, est incomplet ; cela résulte de l'art. 529 qui ne place dans les meubles que les obligations qui ont pour objet des meubles ; il résulte implicitement, dit-on qu'il y a d'autres obligations qui sont immobilières. Donc le critérium pour reconnaître qu'un droit de créance est mobilier, ou immobilier c'est la nature de la chose due, de la chose que le créancier doit recevoir, *actio ad mobile est mobilis* etc... Or il résulte de l'art. 1719 Code civil, que le bailleur est tenu de délivrer la chose au preneur ; et cette obligation pourrait être exécutée *manu militari*. Donc, à ce point de vue les choses se passeront entre un bailleur et un preneur comme entre un vendeur et un acheteur. L'objet de la créance du preneur étant la délivrance, quel doit être l'objet délivré ? L'art. 1719 répond que cet objet, c'est la chose louée, l'immeuble, et comment concevoir que l'obligation de délivrer un immeuble rentre dans la définition de l'art 529, que ce soit une obligation ayant pour objet un meuble ?

M. Guillouard (2) combat l'opinion de M. Colmet de Santerre en disant qu'il ne suffit pas pour qu'un droit soit immobilier, qu'il porte d'une manière quelconque sur

1. *Op. cit.* t. 7, n° 198 bis, III, et s.
2. *Traité du contrat de louage* n°25 p. 32.

un immeuble ; il faut examiner en quoi il consiste et quels sont les avantages qu'il donne, si c'est un meuble ou un immeuble qu'il fait entrer dans le patrimoine du créancier. Or le droit du preneur sur l'immeuble qui lui est loué se borne à en percevoir les fruits, s'il est frugifère, à en user conformément à sa destination, s'il n'est pas frugifère.

Ce raisonnement, à notre avis ne prouve pas grand chose car le droit de l'usufruitier n'est-il pas comme le dit l'art. 582, de jouir de toute espèce de fruits que peut produire l'objet, et cependant l'art. 526 dit formellement que l'usufruit des choses immobilières, est un immeuble par l'objet auquel il s'applique.

M. Laurent combat aussi dans différents endroits de son traité, l'opinion de M. Colmet de Santerre (1). Il dit notamment que la nature immobilière du droit et de l'obligation tient à un même principe, à savoir que le droit qui tend à mettre dans notre main *la propriété* d'un immeuble est un droit immobilier et que l'obligation qui tend à la *transmission de la propriété* d'un immeuble est une dette immobilière.

Mais, avec cette doctrine, on ne peut pas expliquer à notre avis, pourquoi l'usufruit portant sur un immeuble est immeuble, étant donné que l'usufruitier n'acquiert pas le droit à la propriété de l'immeuble.

Tandis qu'au contraire ceci s'explique très bien dans l'opinion de M. Colmet de Santerre, où la nature de la créance dépend de la nature de l'objet dû, à quelque titre

1. *Op. cit.* t. 5 n° 485, n° 490, et t. 25, n° 30

qu'il soit dû, que ce soit à titre de propriété ou à titre de jouissance.

MM. Aubry et Rau (1) invoquent les termes limitatifs de l'article 526 C. civ, et cependant ils reconnaissent eux-mêmes qu'il faut ajouter à l'énumération de l'article 526 les droits d'usage et d'habitation et le droit d'hypothèque. Et on ne peut pas dire, comme le fait M. Laurent (2) que les droits réels que l'on exerce dans un immeuble sont immeubles parce qu'ils sont un démembrement de la propriété et doivent donc être de même nature que l'héritage, car comme le remarquent MM. Aubry et Rau (3) le droit d'hypothèque n'est pas un démembrement de la propriété car tout en restreignant dans une certaine mesure l'exercice des facultés inhérentes à la propriété, elle n'investit cependant le créancier hypothécaire d'aucune partie des droits du propriétaire.

Nous ferons une dernière remarque. Tout le monde est d'accord pour dire que l'obligation de délivrance dont est tenu le vendeur d'un immeuble (art. 1603 et s. C. civ.) est immobilière. Or quelle différence y a-t-il entre cette obligation de délivrance et celle dont est tenu le bailleur d'un immeuble ? (art. 1779 C. civ.). Peut-on dire pour justifier la différence avec M. Laurent que dans le premier cas l'obligation tend à la transmission de la propriété de l'immeuble ? Non, car la propriété de l'immeuble a été transmise au moment même de la convention de vente (art. 1138 C. civ).

1. *Op. cit.* t. 5 p. 595.
2. *Droit Civil.* t. II p. 27.
3. *Op. cit.* t. II p. 24 note 4.

Quoi qu'il en soit, et en admettant avec la majorité des auteurs que le droit au bail est mobilier peut-il être donné en gage?

La Cour de Paris, deuxième chambre, ayant eu à statuer pour la première fois sur la question, admit dans un arrêt du 26 février 1852 (1), la validité du nantissement d'un droit au bail comme de tout autre droit incorporel pourvu que ce nantissement soit constaté et signifié selon les formes prescrites par la loi. La Cour de cassation se prononça dans le même sens par un arrêt du 13 avril 1859 (2) ajoutant qu'il n'était pas nécessaire que le preneur fasse en outre, au créancier gagiste, la remise effective des lieux loués, et elle avait ajouté cela parce que la Cour de Lyon, dont l'arrêt fut cassé, s'était prononcée en sens contraire. La Cour de Lyon avait, en effet, décidé que pour satisfaire à l'art. 2076 C. civ., la remise de l'acte de bail au créancier gagiste ne suffisait pas.

Il ne peut y avoir, dit l'arrêt, création du privilège résultant du nantissement que par un dessaisissement du débiteur propre à avertir les tiers que la chose, objet du nantissement, a cessé d'être au nombre des biens faisant le gage commun des créanciers; qu'autrement la foi publique serait trompée et le crédit privé pourrait reposer sur une base fausse et frauduleuse; que ces conséquences dommageables trouveraient à se produire si un bail pouvait être remis à titre de nantissement sans que le locataire perdît la possession des lieux loués; que la possession que l'article 2076 a en vue pour instituer le gage

1. *Pal.* 52 p. 476.
2. Dalloz 59, 1 167, Sirey, 59, 1, 913.

doit alors consister dans l'abandon que le débiteur fait
au créancier gagiste de la jouissance de la chose louée ;
que c'est cette possession extérieure et corporelle que la
loi exige pour le nantissement toutes les fois qu'elle est
possible, conformément à la définition générale de la possession donnée par l'article 2228 Code Nap. et qu'il ne
s'agit point, en pareille matière, des dispositions qui règlent la délivrance des créances ou des droits incorporels.

Mais cet arrêt a été cassé et à juste titre, car il con-
fondait le droit de bail et l'objet, sur lequel il porte, l'immeuble. En effet ce que l'article 2076 exige c'est que l'objet
du gage soit remis entre les mains du créancier gagiste
ou d'un tiers convenu. Or dans le nantissement du droit au
bail, ce qui fait l'objet du gage, c'est la créance de jouissance que le preneur a contre le bailleur ; par conséquent on satisfait à la condition prescrite par l'article
2076, en remettant au créancier gagiste ou au tiers désigné, l'acte de bail qui est le titre constatant la créance
du preneur.

La Cour de Grenoble saisie de la même affaire en vertu
du renvoi, a statué dans le même sens que la Cour de
cassation (1). Dans une dissertation insérée sous cet
arrêt de Grenoble (2), on a voulu concilier les deux opinions contraires de la Cour de Lyon et de la Cour de
Grenoble.

On a essayé d'établir une différence suivant que l'exécution du bail avait ou n'avait pas encore commencé, au
moment où le bail a été donné en gage. Dans le dernier

1. Arrêt du 4 janvier 1860. Dalloz 1860, 2, 190. Sirey 61, 2, 125.
2. I. Pal 1860, p. 901.

cas, l'article 2075 Code civil s'appliquerait incontestablement. En effet, dit-on, il y a trois personnes qui concou-
rent à l'exécution du contrat : le *preneur* qui, en ce cas,
remet une chose incorporelle, le droit dérivant du bail ;
le *gagiste*, qui reçoit une action contre le bailleur ; et
enfin ce dernier, qui détient la chose corporelle, c'est-à-
dire, les lieux loués et qui est obligé de les délivrer à
titre de location, au preneur ou à son ayant-cause.

Mais quand le preneur est *en possession*, ce concours
de trois personnes, sans lequel l'article 2075 n'est pas applicable, fait défaut. Le tiers (c'est-à-dire le bailleur) qui
dans l'hypothèse précédente, était débiteur de l'objet du
gage, devient dans l'hypothèse actuelle, un *débiteur libéré*, et la chose qu'il devait est dans les mains de celui
qui veut constituer sur cette chose un privilège de gage.
En effet, dit l'auteur de la dissertation, aux termes de
l'article 1719 Code civil, le bailleur est tenu de deux
obligations analogues à celles du vendeur : délivrer et
faire jouir. La délivrance au commencement du bail *libère* le bailleur de ces deux obligations, pour toute sa
durée, à moins qu'il ne survienne un trouble dont il doive
garantie.

Voilà le vice capital de ce système, c'est d'assimiler la
situation du bailleur à l'égard du preneur, à celle du
vendeur à l'égard de l'acheteur. En effet, il résulte de
l'article 1719, que le bailleur n'est pas seulement tenu
de délivrer la chose louée, mais aussi de l'entretenir et
est d'en faire jouir paisiblement le preneur pendant la durée du bail. Par conséquent, il est faux de dire que la dé-
ivrance au commencement du bail, libère le bailleur de

ses obligations, car il est tenu *d'obligations successives* qui se renouvellent à chaque instant, pendant toute la durée du bail. Par conséquent le bailleur quoique ayant délivré au preneur la chose louée, reste obligé envers le preneur qui peut donner en gage la créance de jouissance qu'il a contre le bailleur comme toute autre créance.

Il n'y a qu'une seule différence entre la créance du preneur et une autre, c'est que dans les créances ordinaires, la signification faite au débiteur de la créance engagée, l'empêche de s'acquitter même partiellement entre les mains de son créancier, car cette exécution partielle pourrait causer un préjudice au créancier gagiste ; tandis qu'ici le bailleur, malgré la mise du droit au bail en gage, continue de s'acquitter de ses obligations envers le preneur, et cela parce que la jouissance du locataire jusqu'à l'échéance de la dette garantie ne nuit en rien au créancier gagiste.

M. Dumolard (1) a essayé de démontrer d'une autre manière que l'article 2075 est inapplicable au bail et qu'il est indispensable pour la validité de l'établissement du gage, que le preneur mette à son lieu et place, le gagiste en possession même des lieux loués. Il cherche d'abord à établir que les règles du transport prescrites par l'article 1690 Code civil, sont étrangères au genre de biens incorporels dont la délivrance d'après l'article 1607, s'effectue par l'usage que l'acquéreur en fait du consentement du vendeur, car l'article 1690 traite des biens dont parle l'article 1689 et celui-ci nous dit que la tradi-

1. *Revue critique* de 1861, p. 1 et s.

tion de ces mêmes biens s'opère entre les parties par la remise du titre au cessionnaire. Or, le droit au bail rentre évidemment dans les biens dont parle l'article 1607.

En effet, la délivrance a pour but de procurer à l'acquéreur les moyens d'exercer régulièrement et efficacement son droit, comme le vendeur l'exercerait lui-même. Or, dans l'espèce d'une cession de bail, jusqu'à ce que la jouissance du cédant ait complètement cessé et que le cessionnaire soit entré en possession des lieux loués, les conditions de la délivrance ne sont pas remplies. Or, il en est de même en cas de constitution de gage. En effet, l'article 2075 se réfère tout simplement aux articles 1689 et 1690, non seulement pour ce qui regarde les formes à observer, mais aussi pour ce qui regarde la détermination des choses auxquelles ce mode particulier de tradition est applicable.

Nous ne ferons qu'une seule remarque, c'est que le point de départ de ce système est faux. En effet, l'article 1689 Code civil, parle du transport d'une créance ; or, le droit au bail est une créance. Il importe peu quelle est l'utilité que doit procurer l'exercice de la créance. que ce soit la propriété d'une somme d'argent ou l'usage d'une chose.

On fait encore au système qui se borne à appliquer les articles 2075 et 2076 à la mise en gage du droit au bail, l'objection (1) qu'une telle constitution de gage demeure occulte pour les tiers, puisque le débiteur s'est borné à faire la remise fort peu apparente du titre, et qu'il a gardé

1. Voyez un jugement du tribunal civil de la Seine, Dalloz. 67, II, 1°, et Sirey, 66, II, 315.

la chose ostensible à laquelle ce titre donne droit ; qu'il ne peut dépendre d'un acte resté sans publicité, et que les tiers ont forcément ignoré, de distraire ce droit de l'actif de la masse des créanciers.

Mais les tiers avant d'acquérir un droit sur la créance du preneur, n'ont qu'à s'informer auprès du bailleur s'il n'a pas reçu signification d'une cession ou constitution en gage.

Cependant, nous croyons qu'en ce qui concerne le droit au bail, on pourrait obtenir une publicité plus sérieuse par une inscription et voici comment : d'abord (nous donnons ici une opinion que nous n'avons pas la prétention de croire exacte au point de vue de la loi actuelle) si l'on dit avec M. Colmet de Santerre que le droit au bail quoique étant un droit personnel est immobilier, on pourrait le considérer comme susceptible d'hypothèque, car la formule de l'article 2118, alinéa 1, Code civil, est assez large pour comprendre aussi les droits personnels immobiliers. En effet, cet article est ainsi conçu : sont seuls susceptibles d'hypothèques : 1° *Les biens immobiliers* qui sont dans le commerce, etc... Or, le mot « biens » n'a pas un sens technique spécial, il comprend tout ce qui peut avoir une valeur pécuniaire comme le montre l'article 516, qui dit que tous les biens sont meubles ou immeubles, sans distinction entre les droits réels et les droits de créance.

On pourrait ajouter en faveur de cette opinion, un argument tiré de la comparaison des articles 2118 Code civil et 6 de la loi du 11 brumaire an VII qui est l'origine de l'article 2118. Tandis que ce dernier nous dit : sont seuls susceptibles d'hypothèques 1° les *biens immobi-*

liers, etc., l'article 6 est ainsi conçu : sont seuls susceptibles d'hypothèques : les *biens territoriaux* ce qui a évidemment le sens restrictif de *biens-fonds*.

Mais d'un autre côté il est certain qu'on peut nous objecter que jamais le droit au bail n'a été considéré
comme susceptible d'hypothèque, que l'article 2118 Code
civil, paraît même être, au point de vue des biens pou
vant être grevés d'hypothèque, plus restrictif que l'article 6 de la loi du 11 Brumaire an VII puisque ce dernier
article mentionne la jouissance à titre d'emphythéose
tandis que l'article 2118 n'en parle plus.

Même si on considère le bail comme un droit mobilier
non susceptible d'hypothèque, ne serait-il pas désirable,
étant donné qu'il porte sur un immeuble, qu'on lui applique les formalités admises en matière immobilière ? Comme l'a dit très bien M. de Belleyme dans son rapport au
Corps législatif relatif au projet de loi sur la transcription
en matière hypothécaire : « Pour lui faire atteindre complètement son but qui est de révéler d'une manière utile
et pratique l'état vénal de la propriété, il faut assujettir à
la transcription, tous les actes qui sans constituer des
droits réels, imposent cependant à la propriété, des
charges qui sont de nature à en altérer sensiblement la
valeur. Le crédit réel de la propriété se mesure exacte-
ment à la limite de sa valeur vénale ; tout ce qui intéresse
cette valeur appartient donc à la publicité. »

C'est guidée par de telles considérations qu'une loi du
28 juin 1820 du canton de Genève, *sur la publicité de
divers droits immobiliers* a un titre 2 consacré à *l'ins-*

cription de baux et des droits immobiliers (1). Sans doute il paraît résulter de cette loi que l'inscription n'est que facultative mais elle produit certains effets notamment en cas d'adjudication de l'immeuble, le bail n'est opposable à l'adjudicataire que s'il est mentionné sur l'état délivré par le conservateur et déposé au greffe (2).

De même dans le canton de Vaud, une loi récente du 20 juin 1882 va plus loin, car elle fait de l'inscription du bail, une condition de son efficacité à l'égard des tiers. Le législateur français est aussi entré dans cette voie car la loi de 1855 assujettit à la transcription les baux d'une durée de plus de 18 ans.

Or la formalité de la signification de la mise en gage du droit de bail, et celle de la mise en possession de l'acte de bail ne serait-elle pas utilement remplacée par une mention du nantissement en marge de l'acte de transcription ?

Pour terminer sur la condition de la mise en possession lorsqu'il s'agit de l'engagement de droits de créance, nous dirons que le Code fédéral des obligations et à sa suite le Code civil allemand font, à ce point de vue, des distinctions suivant la forme des titres de créance ; ainsi en ce qui concerne les *titres au porteur et à ordre*, les deux Codes sont d'accord pour exiger la remise du titre au créancier gagiste (3).

Lorsqu'il s'agit d'une *créance à personne dénommée*

1. Voir notamment les articles 7 et 8 et dans le titre III l'article 17.

2. Voir les articles 542 et 625 Code procédure Génevois.

3. Voir l'article 210 Code fédéral et les articles 1292 et 1293 du Code civil allemand.

(art. 1690 C. civil), l'article 215 Code fédéral n'exige la remise du titre de créance au créancier gagiste que s'il en existe un. De sorte qu'on peut donner en gage, même une créance qui n'est pas constatée par titre tandis qu'en droit français cela ne se peut pas.

Quant au Code civil allemand l'article 1280 n'exige pas du tout la remise du titre, la signification suffit.

B. — *Droits réels mobiliers.*

Nous avons dit précédemment en étudiant l'article 2075, que la formalité de la signification qui peut et doit être remplie quand l'objet mis en gage consiste en un droit de créance est par la force même des choses écartée dans l'hypothèse où le gage porte sur un droit réel tel qu'un usufruit mobilier ou un brevet d'invention.

Qu'en est-il de la condition de la mise en possession ?

Dans l'opinion de M. Colmet de Santerre, on ne pourra pas non plus appliquer l'article 2076 qui exige la livraison du droit lui-même, car comment faire la remise d'une chose immatérielle ? M. Colmet de Santerre (1), remarque à ce sujet, qu'il est difficile de justifier le législateur qui n'impose pas au moins dans cette hypothèse, la livraison des titres, parce que l'article 2075 étant forcément inapplicable, il y aura absence complète de publicité.

Mais il ajoute pour excuser l'oubli du législateur, que ces droits sont assez rares, que leur aliénation et surtout leur mise en gage ne sont pas des opérations d'une pratique usuelle et que la loi ne s'inquiète pas toujours de

1. Droit civil, *op. cit.*, t. 8, n. 302 *bis*, VII.

prévenir des dangers qui ne se présentent pas souvent. Les choses ont beaucoup changé depuis que M. Colmet de Santerre a écrit ces lignes, car la mise en gage des brevets d'invention, des droits de propriété littéraire ou artistique et surtout des fonds de commerce, est devenue d'un usage de plus en plus fréquent. D'un autre côté nous avons admis avec la jurisprudence et la majorité des auteurs que l'article 2076 s'applique même aux choses incorporelles, pour lesquelles la mise en possession s'opérera par la remise des titres. Mais précisément parce que cette condition est indispensable pour qu'il y ait gage, il se présente des cas où on peut se demander si la mise en possession du créancier est possible.

La difficulté s'est présentée d'abord en ce qui concerne les *brevets d'invention*. On appelle brevet d'invention, un arrêté du ministre du commerce et de l'industrie constatant que tel jour à telle heure, tel individu s'est déclaré l'auteur de telle invention.

Les découvertes ou inventions constituent, avec les dessins et modèles de fabrique et les marques de fabrique, ce qu'on appelle *la propriété industrielle* qui porte ainsi que son nom l'indique sur les créations de l'intelligence humaine dans le domaine industriel. La propriété industrielle consiste en une attribution de droits privatifs au profit des inventeurs sur les produits, sur les procédés, sur les dessins et modèles trouvés par eux.

En ce qui concerne spécialement les brevets d'invention, on peut compter six droits principaux appartenant au breveté :

1° Le droit exclusif d'exploiter son invention ; 2° le

teinte à ces droits ; 4° le breveté est protégé en France contre la concurrence qu'on voudrait lui faire en introduisant en France des objets fabriqués en pays étranger et semblables à ceux que le brevet garantit ; 5° le breveté a des droits spéciaux pour les additions et perfectionnements qu'il apporte à son invention ; 6° il a le droit de céder son brevet en tout ou en partie (1).

En un mot le breveté a la faculté exclusive de tirer de l'invention tout l'usage industriel et commercial qu'elle comporte pendant toute la durée de son monopole.

Le droit du breveté est donc un droit incorporel et mobilier. Comme tout objet mobilier dans le commerce, ce droit constaté par le brevet d'invention, peut être constitué en gage.

Presque tous les auteurs sont d'accord pour dire que pour remplir la condition de la mise en possession prescrite par les articles 2076 Code civil et 92 Code de commerce il suffit de la remise du brevet au créancier gagiste (2). On écarte ainsi l'application de l'article 20 de la loi du 5 juillet 1844 qui exige l'enregistrement à la préfecture car dit-on l'article 20 ne prescrit ce mode de publicité que pour les cessions, c'est-à-dire, pour les actes opérant transmission de la propriété du brevet ; or le créancier gagiste n'acquiert aucun droit de propriété sur le brevet qui lui est donné en nantissement.

1. Voir MM. Lyon-Caen et Renault. *Précis de droit commercial*, t. II, n. 3291.

2. Voir dans ce sens MM. Lyon-Caen et Renault t. 3 du traité n° 283 in fine ; Pouillet traité des brevets d'invention n° 197. Allart, Brevets d'invention page 117.

C'est dans ce sens que s'est prononcée la Cour de Paris
dans un arrêt du 29 août 1865 réformant un jugement du
tribunal de commerce de la Seine (2). Considérant, dit
l'arrêt, en droit qu'un brevet d'invention peut être donné
en nantissement comme tout autre meuble incorporel,
pourvu que le contrat réunisse les conditions voulues par
la loi ; que le nantissement d'un brevet, après avoir été
constitué suivant les formes réglées par l'article 2074 code
Nap. n'est subordonné pour la création du privilège qu'il
confère, qu'à la remise du titre au créancier ; qu'il n'y a
pas besoin, comme pour une créance d'une signification,
en exécution de l'article 2075 du même code, puisqu'il
n'y a point de débiteur ; qu'il n'y a pas besoin non plus
d'un enregistrement à la préfecture en conformité de l'article 20 de la loi de 1844 puisque cet article n'a trait qu'à
la cession totale ou partielle du brevet ; qu'en effet il n'es
pas possible, ni en principe général, ni dans le système
de publicité organisé par la loi de 1844 pour les transmissions de brevets, d'assimiler le nantissement à la cession ; qu'à la différence de la cession, le nantissement n'o-
père aucune mutation de propriété ; qu'il n'a pas d'autre
but ni d'autre résultat que de fournir au créancier une
sûreté pour le paiement de la dette ; que le titulaire du
brevet ne continue pas moins de posséder seul le droit
d'en disposer ; que c'est contre lui seul également que
les actions en nullité ou en déchéance continuent à s'intenter ; et que si la loi ne tient pour valables, à l'égard des
droit exclusif de vendre le produit breveté ; 3° le droit de
poursuivre comme contrefacteurs ceux qui portent at-

1. Sirey 66, 2 24, Dalloz 65, 2, p. 231.

tiers, que les transmissions constatées dans la forme solennelle qu'elle détermine, c'est afin que les intéressés puissent en connaissance de cause, pour chaque brevet, soit en demander une cession totale ou partielle, soit en poursuivre la nullité ou la déchéance; tandis qu'en matière de nantissement, il n'y a qu'à préserver les tiers contre la fraude, et qu'il suffit pour sauvegarder leurs droits, de l'application des règles qui gouvernent cette matière.

La dernière considération invoquée par l'arrêt pour justifier la distinction entre les formalités de la cession d'un brevet celles d'un nantissement, en disant que l'application des règles relatives au nantissement suffit pour préserver les tiers contre la fraude est, à notre avis, inexacte.

En effet la loi se contente pour la cession : 1° d'un acte notarié constatant la cession ; 2° du paiement intégral des annuités à courir; 3' de l'enregistrement à la préfecture.

Or si nous supposons qu'avant la cession, le breveté a donné en gage son brevet, par acte notarié ou sous seing privé enregistré constatant le nantissement et la remise du brevet du créancier gagiste, cette constitution en gage sera donc opposable au cessionnaire ultérieur qui n'aura pas eu besoin d'exiger la remise du brevet pour la validité de la cession.

En outre il est admis que le breveté peut se faire délivrer une ou plusieurs expéditions du brevet, et ainsi il pourra constituer successivement plusieurs gages, et ainsi on expose les tiers à des fraudes qu'ils n'ont pu prévenir.

Nous croyons qu'on pourrait éviter tous ces inconvénients, en remplaçant la remise du brevet par *l'enregis-*

trement du contrat de gage à la préfecture. On nous objecte que la loi du 5 juillet 1844 ne prescrit ce mode de publicité que pour les cessions et qu'aucune disposition de loi ne dit que les formes du gage et celles de l'aliénation doivent être les mêmes.

Cependant tous les auteurs, sauf M. Colmet de Santerre, admettent que pour satisfaire à la condition de la possession en ce qui concerne l'engagement des créances, il faut la remise du titre. Or pour justifier cette solution, qui ne répond pas à la lettre de l'article 2076 puisqu'il parle de la mise en possession *du gage*, on invoque un argument d'analogie tiré de l'article 1607 d'où il résulte que c'est par la remise des titres que se fait en matière de vente, la tradition des créances. Pourquoi dit-on, ne se ferait-elle pas de la même manière quand il s'agit d'une constitution de gage ? Or, si on transporte en matière de créances, le mode de tradition admis par la loi pour la vente, à la constitution en gage, pourquoi n'en ferait-on pas autant lorsqu'il s'agit de brevets d'invention ?

Et notre solution a l'avantage de satisfaire complètement à la lettre et à l'esprit de l'article 2076 Code civil. En effet la loi ne parle pas de la remise du titre, elle exige que le créancier gagiste sois mis en *possession du gage ;* or l'enregistrement a pour effet de saisir le créancier gagiste *du gage même,* du droit que le brevet d'invention ne fait que constater. L'esprit de l'article 2076, confirme le texte. La loi veut l'investissement complet du créancier gagiste et la dépossession effective du débiteur afin que celui-ci ne puisse plus se servir du gage. Or ce résultat n'est pas atteint dans l'opinion qui se contente de la remise du titre, comme nous l'avons montré plus haut. Au contraire ce but est atteint si on exige l'enregistrement.

En ce qui concerne les *dessins et modèles de fabrique*, nous croyons qu'on devrait pouvoir les mettre en gage, mais le cas ne s'est pas encore présenté en pratique, à notre connaissance. On appelle *dessins de fabrique* (ou dessins industriels) toute combinaison de lignes ou de couleurs représentant ou non une chose matérielle et destinée à varier l'aspect d'un objet. Les *modèles de fabrique* sont des combinaisons de lignes ou de couleurs qui, au lieu de présenter une surface plane comme les dessins, ont une forme géométrique avec des creux et des reliefs (1).

En ce qui concerne *les dessins de fabrique*, il y a une loi de 1806 article 15 qui reconnaît à l'auteur du dessin le droit exclusif de le reproduire et de poursuivre les contrefacteurs. Il peut céder ses droits à d'autres personnes, mais la loi ne prévoit pas des formes spéciales pour la cession.

Quant aux *modèles de fabrique*, faute de loi spéciale la jurisprudence applique les dispositions de la loi de 1806 relative aux dessins de fabrique.

La mise en gage des dessins ou modèles de fabrique à notre avis, se fera, en ce qui concerne la *mise en possession*, par la remise au créancier gagiste, du certificat, constatant la date du dépôt que l'auteur a dû faire de son dessin ou modèle de fabrique pour s'assurer les droits que la loi lui reconnaît; ce certificat délivré au déposant,

1. MM. Lyon-Caen et Renault *Précis* t. 2 n° 3316 et 3326.

nous semble analogue au brevet délivré à celui qui s'est déclaré l'auteur d'une invention.

On ne peut pas parler d'un enregistrement puisque la loi ne le prévoit pas même pour la cession.

Cependant au point de vue législatif, nous croyons qu'il serait désirable qu'on exige l'enregistrement comme mode de publicité aussi bien pour la cession que pour le nantissement.

L'enregistrement se ferait au lieu du dépôt.

Le droit de l'auteur en matière de *propriété littéraire et artistique*, peut-il être donné en gage? Le droit de l'auteur comme il résulte de l'article 1 de la loi du 19 juillet 1793 consiste dans le privilège exclusif de publier l'œuvre. Ce droit porte à la fois sur l'œuvre intellectuelle et sur les exemplaires et reproductions quelconques de l'œuvre.

Les exemplaires d'un livre ou d'un ouvrage d'art quelconque peuvent constituer soit des meubles corporels, comme les tableaux, les statues, soit plus rarement des immeubles, comme une œuvre d'architecture. Mais si on considère le droit d'auteur en lui-même, en tant que conférant le privilège exclusif de publier et reproduire l'œuvre et de l'exploiter commercialement, il faut dire que c'est un *droit mobilier et incorporel*.

Si donc, *a priori*, comme toute autre chose mobilière incorporelle, le droit d'auteur paraît susceptible de gage, voyons si on peut remplir à son égard la condition principale prescrite par la loi, la mise en possession du créancier gagiste. Remarquons d'abord, qu'il n'y a pas comme en matière d'invention, un titre délivré à l'auteur, et que celui-ci pourrait remettre au créancier gagiste pour satisfaire à la condition de l'article 2076 Code civil et 92 Code de commerce.

En effet, d'après la législation française, tandis qu'en matière d'inventions industrielles, la loi refuse toute espèce de droit, à l'inventeur s'il n'a pas d'abord, avant toute exploitation, demandé et obtenu la délivrance de ce qu'on appelle un brevet d'invention, au contraire en matière de propriété littéraire et artistique, la loi n'attache le droit d'auteur à aucune formalité de ce genre. Le droit d'auteur naît en même temps que l'œuvre, et il n'est pas besoin d'une déclaration ou d'un enregistrement quelconque (1).

Etant donné cette absence d'un titre constatant le droit d'auteur, comment opérer la mise en possession?

Les auteurs et la jurisprudence admettent que la condition est remplie lorsque les instruments de reproduction de l'œuvre, manuscrit, clichés, planches gravées, etc., etc., en un mot l'objet matériel dans lequel le droit d'auteur prend pour ainsi dire une forme concrète, passent entre les mains du créancier gagiste (2).

On dit pour justifier cette solution, qu'en matière de gage de choses incorporelles, même lorsqu'il s'agit de

1. M. Pouillet. *Traité de la propriété littéraire et artistique*, n° 8.

2. Voyez dans ce sens, MM. Lyon-Caen et Renault, *Traité*, t. 3. n° 234. Pouillet, *op. cit.*, n° 198. Guillouard, *Traité du nantissement. Pandectes françaises : Propriété littéraire et artistique*, n° 149 et s., Huard et Mack, *Répertoire de législation, doctrine et jurisprudence en matière de propriété littéraire et artistique*, n° 926 et 1147.

créances, la mise en possession de la chose engagée, comme le veut l'article 2076, n'est pas possible. Par conséquent si l'on voulait s'en tenir au texte de la loi, on devrait exclure la mise en gage de ces choses. Il faut donc se contenter d'un équivalent, de la remise, au créancier gagiste, *du titre* qui constate le droit, ou de *la chose*, par laquelle le droit se manifeste extérieurement.

Mais il faut remarquer que lorsqu'il s'agit de la mise en gage de créances, en *matière civile*, la mise en possession du titre de créance, s'ajoute à une autre formalité de publicité qu'elle ne fait que compléter, la signification; en *matière commerciale*, lorsqu'il s'agit de titres au porteur, à ordre, on peut dire que la remise du titre, opère réellement la *mise en possession du gage*, et quant aux titres nominatifs, la remise du titre s'ajoute à une déclaration de transfert à titre de garantie, inscrite sur les registres de la société.

Mais en *matière de propriété littéraire et artistique* il ne peut être question d'une signification à faire à un débiteur; par conséquent la mise en possession reste la seule formalité de publicité. Or, pour atteindre ce but il faut que les tiers soient avertis d'une manière non équivoque que le droit de reproduction de telle ou telle œuvre est constitué en gage, et que l'auteur ne puisse plus disposer de son droit au détriment du créancier gagiste. Eh bien, lorsqu'une statue ou un tableau est remis au créancier gagiste, comment les tiers pourront-ils savoir si ce sont ces objets mobiliers qui ont été remis en gage ou bien si c'est le droit de reproduction? Et si c'est un manuscrit ou une planche gravée par exemple, qu'il a

<table><tr><td>Cerban</td><td>14</td></tr></table>

constitué en gage, qu'est-ce qui empêche l'auteur de céder ou de constituer en gage une copie de son manuscrit ou une autre planche gravée ?

Que le cas puisse se réaliser dans la pratique, cela résulte de différents jugements qui cherchent à déterminer les effets de la constitution en gage. Ainsi un jugement du tribunal civil de la Seine du 31 juillet 1861 (1) a décidé que des cuivres et aciers gravés ayant été donnés en gage, le débiteur ne saurait céder ultérieurement le droit de reproduire l'œuvre par la photographie, car ce moyen rapide et peu coûteux de reproduction en répandant dans le commerce un nombre illimité d'exemplaires rendrait la possession des planches à peu près stérile.

Nous croyons donc que la jurisprudence et les auteurs ont été entraînés par les besoins de la pratique, et qu'en réalité une constitution de gage dans cette matière, telle qu'elle est admise, ne répond ni à la lettre, ni à l'esprit de la loi.

Pour rendre la constitution de gage vraiment efficace et publique, nous croyons qu'il faudrait soumettre la propriété littéraire et artistique, à certaines formalités de publicité.

A cet égard on peut s'inspirer de législations étrangères. Il y a sur ce point deux systèmes opposés. Dans la plupart des états, la loi exige à la fois le dépôt et l'enregistrement ou l'une de ces deux formalités seulement. Dans quelques états seulement, (France, Autriche, Finlande, Danemark, Allemagne,) la protection de la loi n'est subordonnée à aucune condition préalable, sauf cependant

1. Annales de la propriété industrielle de 1861, p. 388.

en Allemagne, où l'auteur dans des cas exceptionnels, (1) doit faire certaines notifications à l'enregistrement.

Nous allons donner quelques détails sur la législation italienne, suisse et espagnole. En Italie la matière est régie par la loi du 18 mai 1882 qui modifie la loi du 18 août 1875, et par le décret du 19 septembre 1882 *relatif aux droits des auteurs de l'œuvre de l'esprit* (2). Il résulte de cette loi, que quiconque entend se réserver les droits d'auteur doit présenter à la préfecture une déclaration accompagnée d'un exemplaire de l'œuvre. Cette déclaration est transcrite sur un registre spécial. Et l'article 11 dit que quiconque entend que l'on donne un avis public des mutations relatives aux droits d'auteur doit présenter une requête spéciale accompagnée de différents actes énumérés par la loi, et alors les mutations sont mentionnées sur le registre.

Quant à la loi fédérale du 23 avril 1883 concernant la propriété littéraire et artistique, elle est aussi entrée dans cette voie, mais elle a adopté un système intermédiaire : l'enregistrement *obligatoire* seulement pour les œuvres posthumes, et les œuvres publiées par une personne morale et les photographies, est *facultatif* dans les autres cas ; quant au dépôt, il n'est jamais exigé (Voir notamment les art. 3 et 9 de la loi.)

Nous croyons que les deux législations citées sont incomplètes à certains points de vue. La législation italienne paraît rendre facultatif l'enregistrement des mutations

1. Voyez art. 6 et 11 de la loi du 11 juin 1870.

2. Voir la traduction de M. Lyon-Caen dans l'Annuaire de législation étrangère de 1882 p. 539 et s.

relatives aux droits d'auteur, tandis que nous croyons qu'il est dans l'intérêt des tiers que cet enregistrement soit *obligatoire*. Quant à la législation suisse elle a tort, croyons-nous, de ne rendre l'enregistrement obligatoire que pour certaines catégories d'œuvres, et laisser dans les autres cas, aux auteurs, le soin de faire inscrire leurs œuvres si bon leur semble, car si on pense que cette formalité peut être utile, pourquoi ne pas la rendre obligatoire? C'est pourquoi nous croyons qu'on doit s'inspirer de la loi espagnole du 10 janvier 1879 qui exige comme la loi italienne, l'enregistrement et le dépôt. En outre dans l'article 24 il est dit: *que toute transmission et tout changement dans la propriété intellectuelle sera noté en détail sur le registre* (1). Peut-être faudrait-il remplacer les mots: toute transmission et tout changement dans la propriété par une expression unique et assez large pour comprendre à la fois la mutation de propriété et le *nantissement*.

Même en France on commence à entrer dans cette voie. En effet le Sénat vient d'autoriser tout récemment la ratification des conventions passées entre la France et le Guatémala, la République argentine, la Bolivie, le Brésil, le Chili, le Paraguay, le Pérou, et l'Urugay, relatives à la garantie réciproque de la propriété artistique et littéraire (2). Or il résulte de ces conventions que pour assurer à tous les ouvrages de littérature, de science ou d'art

1. Lois françaises et étrangères sur la propriété littéraire et artistique recueillies par MM. Lyon-Caen et Delalain tome 1, p. 233 et s.

2. *Journal officiel* numéro du 21 août 1897.

la protection de la loi, les auteurs ou éditeurs devront déposer préalablement au ministère de l'instruction publique trois exemplaires de l'œuvre dont ils veulent garantir dans les deux pays la propriété contre toute contrefaçon on reproduction illicite. En ce qui concerne les œuvres d'art, telles que statues, vitraux, médailles, tableaux, œuvres d'architectures etc., il suffira que l'auteur ou le propriétaire effectue le dépôt d'une reproduction sous forme de dessin, de gravure ou de photographie.

Mise en gage des fonds de commerce. — C'est à propos du nantissement des fonds de commerce considérés comme meubles incorporels, que se sont produites pendant ces dernières années les plus grandes difficultés en ce qui concerne la condition de la mise en possession. C'est l'arrêt de la Cour de Cassation du 13 mars 1888 qui a été le point de départ de toutes ces difficultés et controverses. Depuis lors, les opérations de nantissement portant sur des fonds de commerce ont pris un développement extraordinaire, et ont donné lieu à une lutte de plus en plus ouverte entre la Cour de cassation et les Cours d'appel d'une part, qui admettent la validité d'un gage portant sur un fonds de commerce, sous certaines conditions que nous préciserons plus loin, et les tribunaux de commerce, particulièrement le tribunal de commerce de la Seine d'autre part, qui se refusent à reconnaître la validité de semblables nantissements.

C'est par l'examen de cette jurisprudence contradictoire que nous allons commencer.

La Cour de Cassation, chambre des Requêtes par un

arrêt des 13 mars 1888 (1) avait décidé qu'un fonds de commerce, comprenant la clientèle et l'achalandage, le droit au bail de l'immeuble, le mobilier et le matériel servant à l'exploitation constituait une *universalité juridique*, confirmant ainsi un arrêt de la Cour de Grenoble du 16 avril 1886. Il y a d'autres décisions de jurisprudence qui avaient déclaré antérieurement que le fond de commerce est une universalité juridique, notamment à propos de la question de savoir si l'usufruit d'un fonds de commerce est un véritable usufruit ou bien un quasi-usufruit (2).

La Cour de Grenoble avait dit que les principaux éléments dont se compose en général un fonds de commerce étant 1° *l'achalandage le nom et l'enseigne*, 2° *les ustensiles et marchandises*, 3° *les créances actives et passives ;* 4° *les divers droits utiles se rattachant à l'exploitation tels que le droit au bail ;* la réunion de ces éléments divers forme l'universalité qu'on a appelée fonds de commerce, meuble incorporel ; or tous les meubles incorporels peuvent être donnés en gage.

La Cour déclare ensuite que pour la régularité d'un nantissement portant sur un meuble incorporel, la *remise du titre conférant un gage sur un meuble incorporel* suffit pour opérer la mise en possession de son gage en faveur du créancier gagiste, sans qu'il soit besoin d'une tradition effective de la chose donnée en gage.

Ceci, à notre avis, est une erreur évidente. En effet l'article 2076 exige la mise en possession *du gage*, or la Cour

1. Sirey, 88, 1, 302.

2. Voyez un arrêt de la Cour d'Aix du 12 mars 1878. Sirey 78, 2, 265.

de Grenoble nous dit que pour les choses incorporelles, il suffit de la mise *en possession de l'écrit constatant le contrat de gage*. Personne, sauf M. Laurent croyons-nous, n'a soutenu pareille hérésie. Même pour les choses incorporelles, comme nous l'avons vu, si la mise en possession de la chose engagée n'est pas possible, il faut au moins la remise du titre qui *constate le droit*, qui matérialise pour ainsi dire la chose donnée en gage.

Après avoir posé en termes généraux qu'un fonds de commerce, *quels que soient les éléments qui le constituent*, est un meuble incorporel, la Cour paraît se mettre en contracdition avec elle-même, lorsque vers la fin de l'arrêt elle déclare que dans *l'espèce, l'élément essentiel du fonds de commerce*, est le local où ce fonds et exploité et connu, que par conséquent il est rationnel de considérer la partie matérielle de ce fonds comme un *accessoire inséparable du droit au bail* et que dès lors ce droit de créance ayant fait régulièrement l'objet d'un gage, le créancier gagiste a privilège sur *le prix du fonds de commerce tout entier*.

En effet il nous parait contradictoire de dire d'une part que le fonds de commerce est une universalité juridique et d'autre part de prendre en considération quel est en fait l'élément essentiel de tel ou tel fonds de commerce, pour voir si le créancier gagiste a été régulièrement saisi de cet élément.

C'est la même objection qu'on peut faire, croyons-nous à l'arrêt de la Cour de cassation qui a confirmé l'arrêt de la Cour de Grenoble. En effet voici ce que dit l'arrêt de la Cour de cassation : Attendu que ledit fonds de commerce constituait ainsi une *universalité juridique,* composée d'éléments divers, dont les uns le matériel et le mobilier, étaient des meubles corporels, et dont les autres, le titre, l'achalandage et le droit au bail avaient le caractère de meubles incorporels ; Attend : que la *partie essentielle d'un fonds de commerce de cette nature,* est l'enseigne, l'achalandage et le droit au bail ; que ce sont principalement ces éléments qui le constituent, et que le mobilier proprement dit n'est qu'un instrument de son exploitation.

Il y a plusieurs remarques à faire sur ce passage. D'abord comme la Cour de Grenoble, la Cour de cassation pose en principe que le fonds de commerce constitue une *universalité juridique.* Mais il parait résulter de l'arrêt que d'après la Cour de cassation, une universalité juridique n'impliquerait pas forcément l'idée d'une chose incorporelle. Au contraire les juges devraient examiner dans chaque espèce particulière, si ce sont les éléments incorporels qui constituent la partie essentielle du fonds de commerce, ou bien les éléments corporels ; et après cet examen, et selon les cas, le juge devra déclarer le fonds de commerce dans son ensemble, meuble corporel ou incorporel. Il y aurait à faire une sorte d'application de la maxime : *Accessorium sequitur principale,* le caractère de l'élément principal fixera celui de l'universalité.

Nous ne croyons pas que cette manière de voir soit exacte. D'abord ce nous semble une singulière application de la maxime *accessorium sequitur principale* que d'en faire résulter cette conséquence que l'accessoire

prend la nature du principal. Dans ce sens il faudrait dire
que l'hypothèque est un droit mobilier quand elle garantit
une créance de somme d'argent (1).

En second lieu nous croyons que du moment qu'on admet que le fonds de commerce est une universalité juridique, *on doit décider nécessairement que c'est une chose
incorporelle*. En effet l'universalité juridique n'est qu'un
nomen juris, qui fait considérer au point de vue du droit,
une collectivité d'éléments divers comme formant une
unité, une entité juridique. Et alors il faut considérer le
tout comme une chose incorporelle, quelle que soit l'importance relative des divers éléments qui le composent.

Par conséquent le dilemme suivant se pose : ou bien
on considère le fonds de commerce comme universalité
juridique et alors c'est nécessairement une chose incorporelle. Ou bien on dit comme M. Thaller que c'est un *assem-
blage de valeurs*, qui les unes, comme la clientèle, ont
une nature immatérielle, tandis que d'autres, telles que
les marchandises sont des meubles corporels ; mais alors
il ne faut pas dire, comme la Cour de cassation, que la
nature de l'élément essentiel déterminera la nature de
l'ensemble mais il faut appliquer à chacune de ces valeurs,
prise à part, les règles qui conviennent à sa nature in-
trinsèque.

Ces remarques faites, nous continuons avec l'analyse de
la jurisprudence. Le 5 juin 1891 (2) le tribunal de commerce de la Seine rend un jugement validant un nantissement d'un fonds de commerce dans les mêmes termes

1. MM. Aubry et Rau, t. II p. 165, p. 24 texte et note 4.
2. *Gazette du Palais*, 91, 2, 34.

que l'arrêt de la Cour de cassation précité. Disant d'abord que le fonds de commerce constituait une universalité juridique et ensuite que la *partie essentielle du fonds* de commerce dont il s'agissait dans l'espèce étaient l'enseigne, l'achalandage et le droit au bail, et concluant qu'il était de principe qu'un fonds de commerce, *quels que soient les éléments qui le constituent est un meuble incorporel,* ce qui ne va guère ensemble avec la considération précédente.

Donc le tribunal de commerce tout en répétant mot à mot les considérants de l'arrêt de la Cour de cassation, va plus loin, en décidant, et en cela ils nous paraît plus logique que *dans tous les cas* le fonds de commerce étant une universalité juridique est un meuble incorporel.

L'affaire est venue en Cour d'appel et la Cour de Paris troisième chambre s'est prononcée sur la question par un arrêt du 21 juillet 1892 (1). Dans cet arrêt le fonds de commerce est considéré séparément du droit au bail, conformément à la volonté expresse des parties qui dans l'acte de nantissement avaient énuméré : 1° le fonds de commerce pris comme droit incorporel ensemble le matériel, les ustensiles et marchandises affectés à son exploitation et devant être considérés comme formant avec ce droit un seul tout ; 2° le droit au bail des lieux occupés par le fonds de commerce.

Or l'arrêt statuant spécialement en ce qui concerne la validité du nantissement portant sur le fonds de commerce y compris le matériel et les ustensiles et marchandises affectés à son exploitation s'exprime en ces termes : Consi-

1. Dalloz, 93, 2, 108.

dérant que malgré la diversité des éléments dont il se compose, un fonds de commerce n'en est pas moins une chose unique, ayant une existence propre et indépendante de ses parties ; que pour déterminer la nature juridique de cette chose les principes généraux du droit commandent de s'attacher à ses *éléments essentiels*, de leur accorder la prédominance sur ceux qui ne sont qu'accessoires ; que les éléments essentiels d'un établissement commercial, ceux qui en constituent réellement le fonds, sont le titre, l'enseigne et l'achalandage, sans lesquels il ne saurait subsister dans son identité, que le matériel, les ustensiles et les marchandises, simples moyens d'exploitation qui peuvent être changés ou modifiés sans que l'existence même du fonds de commerce en soit affectée, n'en sont que les éléments accessoires ; que le titre, l'enseigne et l'achalandage étant de nature mobilière et incorporelle, il en résulte que le fonds de commerce tout entier revêt le même caractère ; les meubles incorporels n'étant pas susceptibles d'appréhension physique, leur tradition ne peut s'effectuer que par la remise des titres qui en sont la représentation ; que le syndic objecte vainement qu'en tous cas, le nantissement n'a pas pu s'établir sur le matériel et les marchandises puisqu'ils auraient pu être livrés effectivement aux sieurs Hartmann et Martin ; que le nantissement régulièrement constitué sur les éléments incorporels du fonds de commerce s'est virtuellement étendu sur ses éléments corporels, ceux-ci se confondant avec ceux-là, et ne formant ensemble qu'un seul et même tout.

Nous ferons la même objection à l'arrêt de la Cour de

Paris, qu'à celui de la Cour de Cassation ; il considère le fonds de commerce, *comme une chose unique ayant une existence propre et indépendante de ses parties*, par conséquent comme une universalité juridique et il ajoute ensuite que cette universalité est incorporelle parce que ses éléments essentiels sont incorporels. .

A partir de l'année 1892, les tribunaux de commerce, en particulier le tribunal de commerce de la Seine abandonnent la doctrine de la Cour de Cassation, ne voulant plus voir dans le fonds de commerce, une universalité juridique et déclarent qu'un commerçant ne peut pas valablement donner en nantissement le fonds de commerce où il exploite son industrie, et en continuer lui-même l'exploitation parce qu'il est de l'essence de ce contrat que la tradition de l'objet donné en gage soit réellement effectuée et que le débiteur soit dessaissi (1).

Dans ce sens il y a un jugement du tribunal de commerce de Saint-Etienne du 10 janvier 1894 : Attendu, dit le jugement que la fiction juridique qui assimile un fonds de commerce à un droit incorporel ne peut empêcher que ce fonds ne soit inséparable des éléments matériels qui font connaître son existence aux tiers ; qu'un fonds de commerce constitue au premier chef un actif apparent sur l'importance duquel les tiers règlent généralement leur crédit ; que c'est donc aller contre les principes fondamentaux de la loi du gage que de considérer comme valable la dation en gage d'un fonds de commerce dont le débiteur conserve la possession et continue l'exploita-

1. Voyez en ce sens et statuant en termes identiques deux jugementsdu tribunal civil de la Seine du 9 janvier 1892 et 24 août 1893.

tion sans qu'aucun signe extérieur avertisse les tiers que cet élément d'actif ne fait plus partie du patrimoine de celui qui est appelé à devenir leur débiteur.

On soutient que le fonds de commerce est un meuble incorporel et que les meubles incorporels n'étant pas susceptibles d'appréhension physique, leur tradition pour obéir au vœu de la loi, ne peut s'effectuer que par la remise des titres qui en sont la représentation ; que le contrat de gage intervenu entre les parties a donc régulièrement saisi le créancier gagiste du moment que le contrat a été constaté par acte authentique, que le débiteur a remis au créancier l'acte d'acquisition du fonds de commerce donné en gage et que le contrat de gage a été signifié au propriétaire de l'immeuble dans lequel s'exploite le fonds de commerce.

Attendu que les formalités accomplies ne paraissent pas suffisantes au tribunal ; qu'en effet un principe certain domine en matière de gage ; qu'il faut que le débiteur se dessaisisse et de plus se dessaisisse ostensiblement ; que par sa dépossession le débiteur fasse sortir sa chose de ses mains et que ce passage annonce aux tiers qui ont à traiter avec lui qu'il est appauvri de cette chose ; que la sécurité du commerce exige que ce déplacement montre la mesure du crédit qu'il convient d'attribuer au débiteur ; que si spécialement une créance peut faire, quoique meuble incorporel, l'objet d'un contrat de gage, c'est précisément parce que cette créance est représentée par le titre qui la constitue, que ce titre peut être remis aux mains du créancier à qui il est donné en gage et qu'une fois dépossédé du titre, le débiteur gagé ne p ut plus l'utiliser pour s'en faire un élément de crédit.

Ceci n'est pas exact à notre avis, car ce n'est pas la dépossession mais la signification qui joue le rôle principal de publicité, au moins lorsqu'il s'agit de créance à personne dénommée (art. 1690). En effet si on se bornait à la remise du titre, le débiteur pourrait encore céder sa créance car la cession n'exige pas la remise.

Et le jugement arrive a poser ce dilemme : ou la *tradition matérielle de l'objet remis en gage* est impossible, parce que cet objet, ne se prête pas à une appréhension physique, et alors l'objet dont s'agit ne peut entrer dans la combinaison d'un contrat de gage ou cette tradition matérielle est possible et alors la chose proposée en nantissement peut faire l'objet d'un contrat de gage.

C'est cette même idée d'un dessaisissement ostensible ne permettant pas que le crédit privé puisse reposer sur une fausse apparence, qui avait entraîné la Cour de Lyon, comme nous l'avons vu, à décider que pour le nantissement d'un droit de bail, la remise de l'acte de bail au créancier gagiste ne suffisait pas et qu'il fallait que le locataire abandonnât au créancier gagiste, la possession des lieux loués.

Et cependant, dans l'espèce actuelle, c'est la Cour de Lyon, qui réformant le jugement du tribunal de Saint-Etienne, décide que pour le nantissement constitué sur le fonds de commerce, il suffit de la remise du titre d'acquisition, au créancier gagiste.

En effet voici les termes de l'arrêt : considérant que

quelle que soit la diversité de ses éléments, un fonds de
commerce constitue un tout unique ayant un caractère
et une existence propres, dont la nature juridique doit
être déterminée d'*après les éléments essentiels* sans s'attacher au caractère des éléments accessoires ; considérant que *dans l'espèce*, les éléments essentiels sont le
titre, l'enseigne et l'achalandage qui sont de nature mobilière incorporelle. Considérant que l'ensemble du fonds
de commerce ayant ainsi le caractère de meuble incorporel, sa dation en gage a été régulièrement réalisée par
la remise au créancier, *du titre d'acquisition et de propriété du débiteur*. Considérant que si le créancier gagiste ne justifie pas de la remise entre ses mains de l'acte de bail des lieux loués cette omission ne fait pas dis-
paraître la régularité du droit de gage litigieux ; considérant, en effet, que, d'après les conventions des parties,
le gage n'avait pas été constitué *d'une façon distincte et
spéciale sur le droit au bail, mais d'une façon générale
sur l'ensemble du fonds de commerce*. Considérant que,
constitué et conservé régulièrement sur l'ensemble de ce
fonds, il s'étend *nécessairement* à *tous ses accessoires*,
sans qu'il *soit besoin de formalités spéciales pour chacun d'eux*; considérant dès lors, que la remise spéciale
de l'acte de bail n'était pas plus nécessaire pour la validité du gage général que la tradition matérielle des marchandises servant à l'exploitation du fonds de commerce. Considérant que, si l'article 2075 Code civil prescrit,
en principe, la signification de l'acte constitutif du gage
au débiteur de l'objet sur lequel le gage est constitué, sa
disposition ne vise d'après son texte même, que les

créances données en nantissement, et reste forcément inapplicable aux autres meubles incorporels, qui, comme les fonds de commerce, ne consistent pas dans un droit sur un tiers auquel la signification pourrait être faite.

Nous avons cité intégralement cet arrêt, puisque à notre avis, il indique très bien la seule formalité qu'il y a remplir pour la mise en gage d'un fonds de commerce si on part de l'idée d'universalité juridique, d'un tout unique ayant le caractère de meuble incorporel. En effet, puisqu'il s'agit de mettre en gage ce *tout*, et non spécialement chacun des éléments qui le composent, il suffit pour se mettre en règle avec la loi (comme lorsqu'il s'agit de tout autre meuble incorporel) de remettre, faute d'une tradition matérielle du meuble incorporel, qui est impossible, *le titre qui le constate*. Comme d'autre part, il s'agit d'un droit réel et que la signification n'est pas applicable, on est amené logiquement à se contenter pour le nantissement d'un fonds de commerce, de *l'acte écrit de gage et de la remise du titre de propriété du fonds de commerce* au créancier gagiste.

Toutes les décisions de jurisprudence jusqu'à l'arrêt de la Cour de Lyon, paraissaient exiger pour la régularité du nantissement du fonds de commerce, la remise de l'acte de bail, et la signification du nantissement au propriétaire de l'immeuble (1). Ceci, à notre avis, manque absolument de logique. Qu'est-ce qui est donné en gage ? C'est le fonds de commerce considéré comme formant un tout unique ; or exiger la remise de l'acte du bail, c'est

1. Voyez encore dans ce sens : arrêt récent de la Cour de Paris du 4 juin 1896 dans Dalloz, 96, II, 471.

en réalité dire, que ce n'est pas le fonds de commerce qui est donné en gage, mais chacun de ses éléments, pris isolément. Et alors, il faut appliquer à chaque élément, les règles qui lui conviennent d'après sa nature et par conséquent en ce qui concerne les marchandises, exiger la tradition matérielle au créancier gagiste.

D'ailleurs quel sens a la signification du contrat de gage au propriétaire de l'immeuble dans lequel s'exploite le fonds, comme si le commerçant n'avait sur son fonds qu'un droit de créance et que le propriétaire de l'immeuble était débiteur du fonds !

Le 4 avril 1894 le tribunal de commerce de la Seine a rendu un jugement dont les motifs sont copiés du jugement du tribunal de Saint-Etienne que nous avons cité. La Cour de Paris, troisième chambre, réformant le jugement, reproduit les arguments posés par la Cour de cassation. Dans le même sens un jugement du tribunal civil de la Seine du 13 novembre 1894 (1).

Jusqu'à présent nous avons vu que le tribunal de commerce de la Seine était d'accord avec la Cour de cassation et les Cours d'appel pour dire que le fonds de commerce pouvait être donné en nantissement et il n'y avait divergence que sur le point de savoir quelles étaient les formalités à remplir pour la constitution en gage, le tribunal de commerce jugeant invariablement que le créancier gagiste devait être mis en possession réelle du fonds de commerce.

Aujourd'hui, le tribunal va plus loin et décide que le nantissement d'un fonds de commerce est nul.

1. *Annales de droit commercial*, 1895, *Jurisprudence*, p. 28.

C'est dans un jugement du 18 janvier 1896 que le tribunal a posé ce nouveau principe. Voici l'espèce : une personne ayant vendu un hôtel meublé, avait exigé pour la garantie d'un solde du prix de vente, le nantissement du fonds de commerce (hôtel meublé) et pour se mettre en règle avec la théorie du tribunal de commerce de la Seine, elle demandait devant le tribunal, l'exécution de cette promesse de nantissement, c'est-à-dire que le débiteur fût contraint à se dessaisir du fonds entre ses mains. Le tribunal, effrayé de sa propre jurisprudence, a rejeté la demande dans les termes suivants : Attendu que la possession d'un fonds de commerce ne consiste pas en la détention seulement d'un objet mobilier ou d'un droit incorporel, mais d'un ensemble d'objets mobiliers et de droits incorporels formant un tout indivisible, qui doit, pour ne point périr, être géré et administré d'une façon continue et ininterrompue ; que les nécessités et les conséquences de cette gestion sont un *obstacle insurmontable à l'établissement pur et simple du dépôt* aux mains du créancier de la chose donnée en gage ; que cet obstacle est le même pour le dépôt aux mains d'un tiers convenu ; attendu que le titulaire d'un fonds de commerce, ne saurait, en fait, que le gérer lui-même, ou le faire gérer par un tiers, son mandataire ; que, s'il en était autrement, le débiteur cesserait son commerce et disparaîtrait au regard des tiers ; qu'en l'espèce, et en admettant pour un instant que les prétentions de la demanderesse puissent être accueillies, la situation qui en résulterait ne comporterait que deux hypothèses ; remise du fonds de commerce entre les mains du créancier ou d'un tiers convenu ; attendu

que dans l'un et l'autre cas, la gestion devrait appartenir, soit au créancier, soit au tiers convenu, car autrement il n'y aurait pas dessaisissement ; attendu que dans
le premier cas, le créancier ne saurait gérer pour son
compte, car ce faisant, il ferait acte de propriétaire et
n'aurait pas reçu livraison de la chose cédée ; que le
contrat de vente n'aurait point été accompli ; que d'un
autre côté, il ne saurait gérer, aux risques et périls de
son successeur, sans être le mandataire de celui-ci, ce
qui rendrait fictif le dessaisissement ; attendu que dans la
deuxième hypothèse, le tiers convenu, mandataire des
deux parties quant au dépôt ne serait également que le
mandataire du débiteur quant à la gestion, et que la situation serait identique à celle de la première hypothèse ;

Attendu, en outre que l'on se demande, dans l'un et
l'autre cas, quelle serait la situation des tiers qui feraient
confiance au fonds de commerce, et s'il serait possible
d'admettre vis-à-vis de ces tiers la responsabilité du titulaire du fonds dessaisi de son administration, spectateur
des fautes commises, mais incapable d'intervenir sans
faire cesser le dessaisissement, condition essentielle du
nantissement ; que l'on arriverait à cette situation incom-
préhensible d'un fonds de commerce appartenant à un
titulaire irresponsable, et administré par un gérant également irresponsable, qui n'aurait que la qualité de dépositaire ; attendu, dès lors, que si le nantissement d'un
fonds de commerce sans dessaisissement est *nul* comme
contraire aux prescriptions de la loi en matière de gage,
ce nantissement avec dessaisissement est également *nul*

comme *constituant la condition impossible prévue par l'article 1172* du Code civil.

Si nous avons bien saisi le raisonnement des juges consulaires, il se réduit à ceci : il résulte de l'article 2079 Code civil que l'objet remis en gage n'est entre les mains du créancier gagiste, *qu'un dépôt* ; or cette règle ne peut pas s'appliquer lorsqu'il s'agit du nantissement constitué sur un fonds de commerce, qui doit, pour ne point périr, être géré et administré d'une façon continue et ininterrompue, dont l'existence suppose l'intervention incessante de quelqu'un. Par conséquent la remise du fonds entre les mains du créancier gagiste est une condition impossible à remplir, donc un fonds de commerce ne peut pas être donné en gage. Nous croyons aussi qu'il faut arriver à cette conclusion si on admet avec le tribunal de commerce que pour la constitution en gage d'un fonds de commerce il faut que le débiteur se dessaisisse du fonds.

Nous avons ainsi terminé avec l'examen de la jurisprudence, ou plutôt des deux jurisprudences qui d'abord en divergence sur les formalités à remplir, sont maintenant en conflit sur le principe même du nantissement.

Voyons quel est l'*état de la doctrine sur la question.*

Les auteurs qui s'en sont occupés sont d'accord pour exprimer leurs doutes sur l'efficacité des formalités dont se contentent la Cour de Cassation et les Cours d'appel, au point de vue de la publicité. La loi dit-on a voulu, par la mise en possession du créancier, avertir les tiers du changement qui s'est opéré dans la situation du débiteur,

et les formalités admises par la jurisprudence les laissent
exposés à toutes les erreurs (1).

MM. Baudry-Lacantinerie et de Loynes *loc. cit.* concluent en disant que pour la mise en gage d'un fonds de
commerce il faudrait que le créancier ou un tiers convenu
fut mis en possession, et que, par suite, le débiteur constituant fût aux yeux de tous, *matériellement dessaisi* de
la possession de la chose.

Ces auteurs paraissent donc, conformément à la jurisprudence du tribunal de commerce de la Seine, considérer le fonds de commerce dans tous les cas, comme une
chose corporelle qu'il faut remettre matériellement au
créancier gagiste.

MM. Lyon-Caen et Renault au contraire (2) paraissent
adopter l'opinion de la Cour de Cassation. En effet ils s'expriment en ces termes : On doit ranger le fonds de commerce *parmi les meubles incorporels*. L'achalandage ou
droit à la clientèle a évidemment ce dernier caractère et
les autres objets compris dans le fonds de commerce sont
un accessoire de l'achalandage.

M. Thaller est, à notre connaissance, le premier auteur
qui ait mis en doute le caractère d'universalité juridique
du fonds de commerce, qui est le principe même du système de la Cour de cassation. Nous ne voyons pas trop,
dit M. Thaller (3), pourquoi l'on veut à toute force y voir

1. Dans ce sens, MM. Lyon-Caen et Renault. Traité, t. 3 n° 285 e[t]
Baudry-Lacantinerie et de Loynes. Privilèges et Hypothèques, t. 1
n° 81.

2. *Op. cit.* t. III n° 240 p. 168.

3. *Annales de droit commercial de* 1889. Doctrine, p. 221.

une universalité juridique. Nous y trouverions un *assem-blage de valeurs* qui, les unes, comme la clientèle, ont une nature immatérielle, tandis que d'autres, telles que les marchandises, sont des meubles corporels. *Il faut appliquer à chacune de ces valeurs, prise à part des autres, les règles qui conviennent à sa nature intrinsè-que.*

MM. Magnier et Pruvost (2) tout en paraissant admettre que le fonds de commerce est une universalité juridique disent que néanmoins c'est une *universalité complexe, composée d'éléments de diverses natures, et par conséquent il n'est pas possible de ne lui attribuer qu'une seule nature, à raison de la prédominance de tel ou tel élément.*

Ils concluent comme M. Thaller qu'il faut considérer isolément chaque élément et lui appliquer le régime différent qui le concerne.

Enfin, tout récemment M. Wahl dans une dissertation très savante (1), a essayé d'établir que l'idée d'universalité juridique appliquée au fonds de commerce est tout à fait inexacte.

Nous croyons aussi que le point capital qui domine tout le débat, c'est la question de savoir quelle est la nature du fonds de commerce si c'est une universalité juridique ou non. Une fois cette question tranchée, il n'y a plus, à notre avis, aucune difficulté sur les formalités à accomplir. En effet, si on décide que c'est une universalité juridique, nous croyons, comme nous l'avons dit précédem-

1. *Du nantissement constitué sur les fonds de commerce.*
2. Sirey, 1897, t. 89.

ment, que le caractère incorporel s'ensuit nécessairement et alors comme pour tout autre meuble incorporel, on satisfera à l'article 2076, par la remise du titre qui constate le droit, c'est-à-dire *par la remise du titre de propriété* du fonds. Ou bien au contraire on décide que c'est un assemblage de valeurs, et alors on appliquera distributivement, à chaque élément, la règle qui lui convient d'après sa nature.

Le terrain de la discussion étant ainsi délimité nous allons étudier la *nature juridique du fonds de commerce.*

M. Wahl nie que le fonds de commerce soit une universalité juridique. « Pour que le fonds de commerce fût une universalité juridique, dit-il, il faudrait que, comme tel il eût des caractères particuliers et qu'il fût regardé par la loi comme étant entièrement distinct des éléments qui le composent ; car le propre de l'universalité juridique est, comme le nom l'indique précisément, d'avoir une existence juridique ; l'hérédité qui est susceptible d'une prescription indépentante de celle des éléments qui la composent (C. civ. 789) peut être qualifiée d'universalité juridique ; mais osera-t-on soutenir qu'un fonds de commerce, — droit au bail, achalandage, matériel et marchandises, — peut être acquis par la prescription ? Non, et dès lors on refusera au fonds de commerce le caractère d'universalité juridique.

Le fonds de commerce est donc simplement ce que les romanistes appellent une *universitas rerum*, c'est-à-dire une réunion d'objets, meubles ou immeubles, confondus ensemble dans la pensée des parties, destinés à être possédés ensemble (1), et qui n'a rien de commun avec l'hérédité, regardée, elle, comme une *universitas juris* (loi 19, pr. liv. 5, t. 3).

Il n'en est pas des éléments qui composent un fonds de commerce autrement que des animaux d'un troupeau, des livres d'une bibliothèque, des tableaux d'une galerie ou des arbustes d'une serre; distincts au point de vue juridique, ils ne sont indivisibles que dans la pensée des parties. »

Par conséquent, quant aux formalités à remplir pour la mise en gage, M. Wahl conclut comme M. Thaller qu'il faut tenir compte de la nature de chacun de ses éléments Et il donne les solutions suivantes : 1° le créancier ou le tiers convenu doit être mis en possession du matériel et des marchandises (art. 2076) 2° le créancier doit être mis en possession de l'achalandage, du droit au bail et du nom commercial. « La jurisprudence, dit M. Wahl, les considère comme des meubles incorporels dont le titre d'acquisition est seul susceptible d'une possession. C'est une erreur certaine ; elle nous reporte aux époques formalistes, où la possession supposait un contact matériel avec une chose et où par suite, les meubles corporels seuls étaient susceptibles de possession ; l'article 2075 lui-même montre que les meubles incorporels peuvent être possédés ; il tombe d'ailleurs, sous les sens que, si une personne exploite un fonds de commerce, traite avec la clientèle, occupe l es lieux, c'est cette personne qui a la possession du fonds, et non pas le tiers qui conserve par devers lui les titres d'acquisition. Et cela répond à l'objection suivante : en ce qui

1. *Digeste*, Loi 1, § 3, liv. 6 t. 1. Loi 30, § 2, liv. 41, t. 3.

concerne les créances, l'article 2076 doit, d'après tout le monde être interprêté en ce sens que le gagiste doit recevoir le titre de la créance ; ce sont donc aussi les titres d'acquisition du fonds que doit recevoir le créancier.

Cela n'est guère sérieux. La loi exige la mise en possession du gage ; une créance *n'est pas seulement un objet incorporel ;* elle *s'unit d'un tel lien avec le titre qui la constate, que la possession du titre implique la possession de la créance* ; si le créancier est détenteur du titre, avec le droit de profiter des avantages inscrits sur ce titre, que reste-t-il au débiteur ? Rien, et c'est pourquoi la détention du titre implique la détention du gage.

Ce serait, au contraire, le créancier qui malgré la possession des titres d'acquisition du fonds de commerce, n'aurait pas la *possession du gage*, si le débiteur pouvait continuer à exploiter le fonds ; il est donc nécessaire que le créancier ou un tiers convenu *soient mis à la tête de l'exploitation du fonds donné en gage.* »

Nous croyons qu'il y a lieu de relever deux inexactitudes. M. Wahl reproche à la jurisprudence de considérer les meubles incorporels comme non susceptibles de possession. Ce reproche est sans aucun fondement.

Les jugements et arrêts en parlant du nantissement des meubles incorporels reproduisent les termes de l'article 2075 Code civil, qui dit d'une manière impropre que le gage doit être mis et doit rester en la *possession* du créancier. En effet comme le prouve la suite des articles et particulièrement l'article 2079 (d'ailleurs tout le monde est d'accord là-dessus), le législateur a employé le mot posséder, non pas dans son sens juridique, mais plutôt vulgaire, dans le sens de *détenir*.

Or s'il est certain qu'il peut y avoir une possession de la créance ou de tout autre droit, qui consistera dans *l'exercice de ce droit*, il est non moins évident qu'on ne peut pas *détenir matériellement* une chose immatérielle telle que l'achalandage ou le droit au bail.

Par la force des choses, il faut donc se contenter de la remise d'un titre s'il y en a, qui est, comme le dit fort bien M. Lyon-Caen, la représentation matérielle du droit.

M. Wahl dit que pour opérer le nantissement du droit au bail, il faut que le créancier *soit mis en possession* des lieux loués. Or, sauf de rares dissentiments, on est d'accord, en doctrine et jurisprudence, pour dire que, pour le nantissement d'un droit au bail, il suffit de la *remise de l'acte de bail* et de la signification du contrat au bailleur.

D'ailleurs dans la manière de voir de M. Wahl, le nantissement d'un fonds de commerce serait *sui generis*. Tandis que dans tous les autres cas qu'il s'agisse d'un meuble corporel ou incorporel le créancier gagiste n'a que la *détention de la chose* qui n'est entre ses mains *qu'un dépôt* (article 2079) au contraire la mise en gage d'un fonds de commerce, aurait d'après M. Wahl pour effet de donner au créancier gagiste la *possession du fonds puisqu'il aura le droit de l'exploiter*. Mais alors le gage cesse d'être un dépôt et on viole l'article 2079 Code civil.

Une dernière observation. M. Wahl dit que, si en ce qui concerne les créances, on se contente de la remise du titre, c'est parce que *le droit s'unit d'un tel lien avec le titre que la possession du titre implique la possession de la créance.* Or ceci est absolument inexact au moins en ce qui concerne les créances à personne dénommée dont parle l'article 1690 Code civil. Le droit du créancier est dans ce cas absolument distinct du titre qui peut exister et qui n'est qu'un moyen de preuve. Voilà pourquoi l'article 1690, n'exige pas, en cas de cession, même à l'égard des tiers, la remise du titre au cessionnaire, et qu'il résulte de l'article 1691, que même si le cédant a remis au cessionnaire le titre de créance, le débiteur cédé peut encore payer valablement au cédant tant qu'il n'a pas reçu signification de la cession.

Revenons maintenant aux arguments invoqués par M. Wahl pour dénier au fonds de commerce le caractère d'universalité juridique. Une universalité juridique, dit-il, a une existence juridique indépendante de celle de ses éléments. Ainsi l'hérédité est une universalité juridique parce qu'elle est *susceptible d'une prescription indépendante de celle des éléments qui la composent* (art. 789 C. civ.). Nous croyons que M. Wahl se méprend sur le sens de l'article 789. Quelle que soit l'interprétation qu'on donne de cet article, tous les auteurs sont d'accord pour dire qu'il s'agit là d'une *prescription extinctive du droit de l'héritier* et non pas d'une prescription acquisitive de l'hérédité elle-même. Ce qui est assez piquant de remarquer c'est que M. Baudry-Lacantinerie dans son livre « Des successions » (1), écrit en collaboration avec M. Wahl, dit formellement que la prescription de l'article 789 est extinctive et non acquisitive.

1. T. II, p. 319.

Enfin MM. Aubry et Rau (1) disent en toutes lettres : *l'hérédité n'est pas, comme universalité juridique, susceptible d'une possession utile pour l'usucapion.* Ils reviennent presque dans les mêmes termes sur la même idée un peu plus loin (2). Voilà donc l'argument principal de M. Wahl écarté.

M. Wahl invoque en second lieu le droit romain. Nous sommes d'autant plus disposé à suivre M. Wahl sur ce terrain que nous croyons trouver dans le droit romain une solution qui est un argument en faveur de la doctrine qui admet que le fonds de commerce est une universalité juridique. Le texte qui nous intéresse principalement parle précisément de la mise en gage d'un fonds de commerce (3). Il est de Scævola et est ainsi conçu :

« Cum tabernam debitor creditori *pignori dederit* quæsi-
« tum est utrum eo facto nihil egerit, an tabernæ appelatione
« merces quæ in ea erant obligasse videatur ? et si eas
« merces per tempora distraxerit et alias comparaverit
« easque in eam tabernam intulerit et decesserit, *an*
« *omnia, quæ ibi deprehenduntur,* creditor hypotheca-
« ria actione petere possit ; cum et *mercium species-*
« *mutatæ sunt* et *res aliæ illatæ?* Respondit : *ea quæ*
« *mortis tempore debitoris in taberna inventa sunt, pi-*
« *gnori obligata esse videntur.* »

Nous voyons qu'il s'agissait d'un commerçant qui avait hypothéqué (ou donné en gage, peu importe) sa boutique « taberna » et alors Scævola est consulté sur le

1. *Droit civil*, t. VI, p. 374, note 8.

2. T. VI, § 616, p. 434, note 26.

3. Loi 34 pr. D. *de pignoribus*, l. 20, t. I.

point de savoir si l'hypothèque frappe même les marchandises qui ont été introduites dans la boutique, *après la constitution de l'hypothèque*, en remplacement de celles qui ont été vendues ? Et le jurisconsulte répond affirmativement en disant que toutes les marchandises sans distinction qui se trouvent dans la boutique au moment de la mort du débiteur sont frappées de l'hypothèque. Or ce résultat, à notre avis, ne peut pas s'expliquer si l'on dit que ce n'est pas le fonds qui est hypothéqué mais les marchandises qui s'y trouvent au moment de la constitution. Car alors l'hypothèque ne doit frapper que ces marchandises là et ne peut pas s'étendre à celles qui ont été introduites postérieurement. Au contraire, si l'on dit que l'hypothèque est constituée sur le fonds en tant qu'universalité juridique il est évident que l'hypothèque s'étend sur tout ce qui constitue le fond au moment de la réalisation de l'hypothèque.

Dans le même sens et d'une manière plus explicite si possible, est le fragment suivant de Marcien (1) : *Grege pignori obligato quæ postea nascuntur, tenentur ; sed et si prioribus capitibus decedentibus, totus grex fuerit renovatus, pignori tenebitur.*

De même que nous voyons exister *un droit de gage ou d'hypothèque* sur l'universalité en tant qu'unité, de même les Romains ont admis un *droit de propriété* sur l'universalité distinct du droit de propriété sur chacun des éléments qui la composent. Il y a dans ce sens un fragment d'Ulpien (2) qui lui-même cite Pomponius, ce qui prouve

1. Loi 13, pr. D l. 20, t. 1.
2. Loi 1, § 3, *De rei vindicatione*, liv. 6, t. 1.

avec les deux autres fragments que nous avons cités, que cette manière de voir n'était pas personnelle à tel ou tel jurisconsulte, mais admise par la jurisprudence. Le fragment est ainsi conçu : *per hanc autem actionem (revindicatio) non solum singulæ res vindicabuntur sed posse etiam gregem vindicari Pomponius scribit. Idem de armento et de equitio ceterisque quæ gregatim habentur dicendum est. Sed enim gregem sufficiet ipsum nostrum esse licet singula capita nostra non sint.*

Nous voyons dans tous ces exemples, un *ensemble* de choses qui existent extérieurement d'une manière indépendante les unes des autres (n'étant pas unies d'une manière matérielle) auxquelles on donne une *fin commune* et ainsi il se produit une connexité intérieure qui les fait apparaître comme les parties *d'un tout.* Ce tout est indépendant des choses individuelles qui le composent ; il est réputé *le même* nonobstant les diminutions, augmentations ou renouvellements qu'il a pu subir. Ainsi nous avons dans ce tout une *chose juridique*, de même que dans une *universitas personarum* il y a une personne juridique (1).

M. Wahl nous dit que le fonds de commerce est une *universitas rerum* qui n'a rien de commun avec l'hérédité, regardée elle, comme une *universitas juris.*

M. Wahl paraît ainsi vouloir reprendre l'ancienne distinction, abandonnée aujourd'hui par tous les romanistes, entre *l'universitas juris* et *l'universitas facti* ou *homi-*

1. Voir dans ce sens Baron *Die Gesammtrechtsverhæltnisse im ræmischen Recht* page 27 et s. *Windscheid Pandekten*, t. 1, p. 394 et s. *Puchta Institutionen*, t. 2, p. 129,

nis. Mais d'abord cette distinction n'a aucune base comme nous allons le montrer tout à l'heure.

Même si l'on maintient cette distinction, le fonds de commerce ne devrait pas être considéré comme *l'universitas facti.* En effet on définissait *l'universitas facti* comme un *ensemble de choses corporelles,* et comme le disent MM. Aubry et Rau (1), *d'objets semblables par leur nature constitutive.* Or peut-on en dire de même du fonds de commerce? Non, car un fonds de commerce comprend aujourd'hui outre les marchandises, l'achalandage et le nom commercial, et peut comprendre le droit au bail, marque de fabrique, brevet d'invention, tous meubles incorporels. En second lieu cette distinction entre *l'universitas juris* et *l'universitas facti,* ne porte pas sur le point qui nous intéresse. En effet nous discutons la question de savoir si le fonds de commerce doit être considéré comme formant un *tout,* une *unité* au point de vue du droit ; or les caractères particuliers qu'on attribuait autrefois à *l'universitas juris* étaient les deux suivants ; les éléments d'une *universitas juris* auraient les unes à l'égard des autres le caractère de choses fongibles, c'est ce qu'on exprimait en disant : *in judiciis universalibus, pretium succedit loco rei et res loco pretii.* En second lieu si quelqu'un s'empare sans droit d'une *universitas juris,* l'ayant-droit aurait une *actio universalis in rem* pour lui réclamer la restitution de *l'universitas.* Il résulte donc que ce n'est pas le caractère d'être une unité qui est particulier à l'université juridique. D'ailleurs cette distinction même entre *l'universitas juris* et *l'uni-*

1. *Droit civil,* t. 6, 575, p. 235.

versitas facti est sans aucun fondement. La démonstration de ceci nous entraînerait trop loin de notre sujet et nous nous bornerons à renvoyer aux auteurs qui ont étudié spécialement la question (1).

De tout ceci nous concluons qu'en droit romain, contrairement à ce que dit M. Wahl, le fonds de commerce comme les autres universalités avaient bien une existence juridique.

Dans différentes législations étrangères, il y a des dispositions de loi spéciales qui considèrent une universalité comme une unité ayant une existence juridique. Ainsi l'article 342 du Code civil du canton de Berne donne la définition suivante : un ensemble de plusieurs choses, qui est considéré comme *un tout* et désigné d'un nom spécial constitue une universalité. Et l'article 343 tire de l'existence juridique de ce tout, la conséquence que les choses isolées qui sont incorporées à l'ensemble, participent aux droits et sont grevées des charges qui pèsent sur l'universalité et au contraire les choses qui cessent de faire partie de l'ensemble ne participent plus aux droits qui appartiennent à l'universalité et sont dégrevées des charges qui pèsent sur elle.

Une définition analogue se trouve dans l'article 427 du Code civil autrichien : un ensemble de plusieurs choses particulières, qu'on a l'habitude de considérer *comme*

1. Voir notamment Hasse et Mühlenbruch. *Archiv. für civilistische Praxis*, t. V, p. 1 et s, et XVIII p. 321 et s.

Savigny. *Système du droit, romain.* 1, p. 378 et 384 et III p. 14 et s. Wangerow Pandecten, t. 1, § 71, p. 103 et s. *Puchta Institutionen* t. II. § 222.

formant une chose et de qualifier d'un nom commun, forme une universalité et doit être regardé *comme un tout*. Cet article mentionne spécialement le fonds de commerce comme *universitas*. Or voici quelles sont les conséquences tirées par la loi autrichienne de la nature d'une universalité : 1° En parlant de l'acquisition de la propriété l'article 427 dit : Pour les choses mobilières qu d'après leur nature n'admettent pas une *tradition matérielle*, comme les créances, un fonds de commerce (*Waarenlager*) ou tout autre universalité, la loi permet la tradition symbolique ; par exemple la remise des documents qui prouvent la propriété, etc... Or, comme le remarque M. Unger (1) cet article s'explique par l'idée qu'il existe un droit de propriété sur l'universalité comme telle ; et puisque la propriété d'une universalité considérée comme chose incorporelle ne peut pas être acquise par une tradition matérielle de la main à la main, la loi permet la tradition symbolique.

De même l'article 452 du Code civil autrichien, prescrit, pour l'engagement des choses mobilières qui n'admettent pas une tradition matérielle, de se servir, comme en cas de transfert de la propriété, de tels signes, qu'on puisse reconnaître facilement que la chose a été donnée en gage. Et cet article prouve aussi qu'il y a un droit de gage sur l'universalité comme telle et qu'il faut procéder à une tradition symbolique (2).

1. System des œsterreichischen allgemeinen Privatrechts, § 57, p. 483 note.

2. Voir pour plus de détails les articles 271-279 du Code civil autrichien.

16

Le Code du canton des Grisons dans son article 127 donne, à notre avis, la meilleure définition de l'universalité en disant que c'est *un ensemble de plusieurs choses réunies par une destination et une désignation communes, en un tout et qui comme tel forme l'objet de droits.*

En France, faute de disposition de loi, la doctrine n'est pas bien fixée sur la nature juridique du fonds de commerce. Ainsi d'une part MM. Baudry-Lacantinerie et Chauveau (2) paraissent admettre que le fonds de commerce est une universalité, *nomen juris sicut hereditas* et que c'est un meuble incorporel ; d'autre part MM. Aubry et Rau (3) y voient seulement une *universalité de fait,* ayant le caractère de meuble corporel ; enfin MM. Lyon-Caen et Renault (1) et M. Laurent (2) disent que le fonds de commerce, quoique universalité de fait est un meuble incorporel.

Les auteurs qui refusent de voir dans le fonds de commerce une universalité juridique font valoir cette considération que si l'on y voyait un *nomen juris*, il faudrait décider qu'un fonds de commerce comprend de plein droit les dettes actives et passives. Mais, à notre avis, rien ni dans les lois actuelles, ni dans le droit romain ne justifie cette connexité qu'on veut établir entre la transmission d'une universalité et celle des créances et dettes (3).

1. *Des biens*, p. 129 et 369.

2. t. 2, § 164 bis, et t. 2, p. 527.

3. *Traité*, t. 3, n° 239 et s.

4. *Droit civil*, t. V, n° 513 et t. VI, n° 419.

5. C'est ainsi que, dans le droit romain, si on s'attache à la distinction des *universitates juris et facti*, la dot devait être rangée parmi

Sans doute lorsqu'il y a transmission du patrimoine d'une personne, les créances et les dettes qui en font partie comme éléments, se transmettent en même temps. Mais dans le droit actuel il y a des cas où sans être ayant-cause universel ou à titre universel on est cependant tenu de dettes. Ainsi le légataire d'un usufruit portant sur l'universalité ou une quote-part des biens du testateur, n'est qu'un successeur à titre particulier, et cependant il est tenu de contribuer dans la mesure et d'après le mode indiqué par l'article 612 Code civil au paiement des dettes et charges de l'hérédité (1).

D'ailleurs ces auteurs font une distinction qui nous paraît absolument arbitraire. Ils disent que si un testateur lègue un établissement de banque, il lègue par cela même une *universalité juridique* dans le sens romain, c'est-à-dire un actif et un passif, des créances et des dettes, mais s'il s'agit du legs de tout autre fonds de commerce, ce serait un legs à titre particulier. Qu'est-ce qui justifie soit au point de vue rationnel, soit au point de vue des textes, une telle différence?

Pour conclure, nous dirons donc que le fonds de commerce, est à notre avis une universalité, ayant par conséquent le caractère de meuble incorporel ; comme tous les autres droits réels mobiliers, il peut être mis en gage et il suffit, pour cela, *d'un acte écrit constatant la convention de gage, et de la remise au créancier de l'acte*

les premières. Or, lorsque la femme à la dissolution du mariage réclamait au mari la restitution de la dot, y avait-il donc nécessairement des créances et des dettes ?

1. Aubry et Rau, t. II, § 232, p. 713.

d'acquisition du fonds. La remise de cet acte ne peut pas être suppléée, comme l'ont admis certains arrêts, par la remise de l'acte du bail, et dans tous les cas il n'est pas besoin de faire signification au bailleur.

Ce système n'est pas exempt d'inconvénients. D'abord toutes les fois que le commerçant a créé lui-même le fonds qu'il exploite, il n'y a pas de titre et par conséquent pas de remise possible.

En second lieu, on pourrait objecter à notre système que le créancier gagiste n'ayant pas à entrer en possession du fonds et le débiteur continuant à l'exploiter, les tiers pourront être induits en erreur.

Mais il faut remarquer que cette objection est dans une certaine mesure exagérée, car en tant qu'il s'agit par exemple, d'un acheteur du fonds ou d'un second créancier gagiste, ils peuvent réclamer la remise des titres avant de contracter avec le débiteur et le refus de celui-ci, doit leur faire présumer que les titres sont entre les mains d'un créancier gagiste.

Quant aux créanciers chirographaires, jusqu'à la faillite de leur débiteur, ils n'acquièrent aucun droit spécial sur les valeurs qui constituent le fonds de commerce, et par conséquent le débiteur reste libre d'en disposer.

Mais il serait certainement désirable de trouver un mode de publicité plus efficace et qui pût s'appliquer dans tous les cas. C'est pour répondre à ce double but que M. Millerand a déposé à la Chambre des députés, le 18 mai 1893, une proposition de loi qui devrait compléter l'article 2075 Code civil, et dont voici les termes (1): En

1. Exposé des motifs *Journal officiel*. Documents parlementaires de juillet 1893, p. 663.

outre, chaque dation en nantissement d'un fonds de commerce devra, à peine de nullité, recevoir mention sur le registre public tenu à cet effet au greffe du tribunal de commerce du domicile du cédé.

Nous ferons une simple observation d'ordre secondaire. A notre avis, cette disposition additionnelle devrait être rattachée plutôt à l'article 91 du Code de commerce. En effet l'article 2075 édicte une disposition générale qui vise tous les meubles incorporels et traite du gage civil ; or la mise en gage d'un fonds de commerce est faite le plus souvent par le commerçant pour les besoins de son commerce, c'est donc un gage commercial, il est donc naturel que la disposition qui le concerne soit placée dans le Code de commerce.

Nous croyons aussi que le meilleur mode de publiclté est celui qui consiste dans une inscription du nantissement ou plutôt de l'hypothèque portant sur un fonds de commerce, sur un registre spécial.

En Autriche, ce mode de publicité, par une inscription sur un registre, existe pour les fonds de commerce dans un cas spécial. En effet, il résulte de l'article 384 du Code civil autrichien, que lorsqu'on engage son fonds à la Banque (institution de crédit) la publicité consiste dans une inscription dans les Pfandbücher de la Banque.

Dans le Code civil du canton de Zurich de 1855 la section 9 du chapitre III était intitulée *du droit de gage* (ou hypothèque) *sur des choses mobilières et des universalités*. L'article 889 était ainsi conçu : un droit d'hypothèque générale peut être constitué sur toute la fortune, biens meubles et immeubles, ou sur un ensemble de marchandises (fonds de commerce).

Et l'article 890 disait que cette hypothèque générale ne pouvait être constituée que par acte notarié et *l'enregistrement de cet acte* dans l'arrondissement où est domicilié le débiteur.

Dans la commission chargée de l'élaboration du projet du Code civil de Zurich, la proposition avait été faite de supprimer l'hypothèque générale. On invoquait dans ce sens les motifs suivants : 1° cette hypothèque générale a plutôt le caractère *d'un droit de préférence conventionnel*, pour le cas de faillite, que d'une hypothèque. En effet on ne saurait lui reconnaître le droit de suite sans porter atteinte au principe de la publicité et entraver la circulation des biens. 2° Cette hypothèque serait donc fallacieuse. Le créancier serait porté à se croire assuré, tandis qu'en réalité, la valeur de son hypothèque peut être réduite à rien soit par des aliénations, soit par la possibilité pour le débiteur de constituer indéfiniment de droits de gage ou hypothèque, spéciaux ; 3° Puisque cette hypothèque n'a d'effets que contre les créanciers qui n'ont pas de sûretés, on en abuserait souvent pour favoriser certains créanciers en leur donnant à la veille de la faillite, une situation meilleure au détriment des autres.

Malgré ces arguments, la commission maintint l'hypothèque générale pour les raisons suivantes : 1° Un conflit entre l'hypothèque générale et les hypothèques ou gages spéciaux n'est pas possible, parce que ces derniers ont toujours la préférence ; au contraire il est offert dans l'hypothèque générale, un nouveau moyen important de crédit réel qui suffirait dans beaucoup de cas et dont la suppression laisserait une lacune sensible dans les relations de la vie juridique.

En effet maint commerçant ne peut se décider à une constitution spéciale de gage ou serait gêné dans ses affaires par une telle constitution ; au contraire sans hésiter il consentirait à hypothéquer son fonds ou sa fortune, ne se sentirait pás paralysé par là, et trouverait par ce moyen, du crédit ; 2° Sans doute l'hypothèque générale suppose une confiance personnelle dans le débiteur qui pourrait être déçu dans certains cas, mais qui pourrait ne pas l'être dans d'autres. Et comme les deux parties contractantes (le débiteur et le créancier) connaissent l'importance de l'institution (et ses effets) et que la confiance doit-être libre, la possibilité de l'abus ne suffit pas pour condamner l'hypothèque générale. D'ailleurs, l'article 893 cherche à atténuer autant que possible cet inconvénient en décidant que si le débiteur par des mises en gage et des aliénations multiples, paraît avoir l'intention d'anéantir la sûreté du créancier ayant hypothèque générale, celui-ci est en droit de demander par voie judiciaire que toute disposition ultérieure de la part du débiteur soit empêchée jusqu'à ce qu'il ait payé le créancier ou qu'il lui ait offert une sûreté meilleure. 3° Aux créanciers qui n'ont pas de sûreté, il n'est fait aucun tort, si d'autres créanciers se font donner des sûretés. Mais pour empêcher qu'un commerçant à la veille de la faillite ne veuille avantager certains créanciers au détriment des autres, l'article 891 décide qu'une hypothèque générale ne devient efficace que si le débiteur n'est pas déclaré en faillite dans les quatre mois qui suivent la constitution de l'hypothèque.

Tandis que le Code civil de Zurich avait ainsi admis et réglementé l'hypothèque générale, le Code du canton des Grisons, postérieur à celui de Zurich puisqu'il est de 1862, a rejeté l'hypothèque générale. En effet l'article 305 de ce Code qui traite de la mise en gage d'une universalité était ainsi conçu : lorsqu'une universalité est donnée en gage sans désignation spéciale de ses éléments, le droit de gage s'étend à tous les objets compris dans cette universalité, même à ceux qui y sont entrés depuis la constitution.

Pour la constitution valable d'un droit de gage portant sur une universalité il ne suffit pas d'une tradition symbolique ; il faut une tradition de cette universalité dans la possession exclusive du créancier gagiste.

Cependant il résulte des travaux préparatoires du Code que cette solution n'a pas été acceptée sans résistance.

En effet la première commission chargée de l'examen du projet, avait cherché un moyen de rendre possible la mise en gage de ces universalités d'une telle manière que le créancier gagiste aussi bien que les tiers fûssent suffisamment protégés, sans que le débiteur eût à se dessaisir de la possession de cette universalité dont il tire le plus souvent ses moyens d'existence. On avait fait remarquer dans ce sens qu'imposer la condition de la dépossession à ceux dont la plus grande partie ou peut-être toute la fortune consistait uniquement dans un fonds de commerce ou du bétail (*Viehhabe*) c'était en fait les empêcher de se servir de cette propriété comme moyen de crédit. En conséquence la première commission avait décidé que : si une universalité ne pouvait pas, être mise en la possession du créancier gagiste à raison de sa nature, ou parce que le débiteur ne pouvait pas se passer, sans grand dommage pour lui, de l'usage de cette universalité, on pourra établir un droit de gage sur cette universalité, au moyen d'une inscription sur un registre, inscription, à laquelle on appliquera les mêmes règles et attachera les même effets qu'à une inscription sur un immeuble.

Dans ce cas, l'usage et la possession de l'universalité reste au débiteur, de sorte qu'il pourra disposer des objets individuels de cette universalité pourvu que la valeur de l'universalité ne soit pas diminuée d'une manière sensible.

Mais dans la rédaction définitive du Code, on supprima cette disposition sous prétexte que d'une part l'idée « d'universalité » était trop vague pour qu'on pût admettre une disposition si exceptionnelle en sa faveur et que d'autre part, la garantie ainsi constituée était trop précaire pour ne pas provoquer des nombreuses déceptions dans le public.

Enfin, le Code civil du canton de Glaris, le plus récent de tous les codes cantonaux, puisqu'il date de 1874, décide dans son article 256, que les affectations hypothécaires portant sur l'ensemble de la fortune du débiteur sont nulles et ne confèrent au créancier aucun droit de préférence. Les dispositions que nous avons citées des trois codes cantonaux ont été abrogées par le Code fédéral des obligations de 1883 qui, dans ses articles 210 et

s. statue sur le gage. Le Code fédéral n'admet d'exception à la condition de la mise en possession que pour le bétail.

Si maintenant nous passons en Allemagne, nous voyons que d'après le droit civil prussien, pour mettre en gage une universalité, il faut que le créancier ou son représentant en ait la détention (1).

Et cependant, en Allemagne, on aurait pu utiliser une institution existante, pour remplacer, en cas de nantissement, au moins lorsqu'il s'agit d'un fonds de commerce, la remise du gage par une inscription. En effet, il existe en Allemagne, une institution qui concerne spécialement les commerçants, c'est le *registre du commerce*, destiné à révéler au public, l'existence et le mode de fonctionnement d'un fonds de commerce. Or, l'article 25 du Code de commerce allemand, prévoit bien le cas d'une transmission du fonds de commerce et prescrit qu'elle devra être inscrite sur le registre du commerce, sous peine d'être considérée comme inexistante à l'égard des tiers ; mais il n'y a aucune disposition qui prescrive l'inscription pour le cas de nantissement et cependant le registre de commerce n'interviendrait-il pas ici utilement ?

Et à ce propos, rappelons en passant que la disposition additionnelle présentée par M. Millerand et que nous avons citée, nous paraît incomplète ; en effet, elle ne prévoit que le cas de nantissement, et ne vise pas la cession d'un fonds de commerce.

Or, dans l'état actuel des lois françaises, il n'y a aucun

1. *Dernburg Preussisches Privatrecht*, t. 1. § 365.

procédé légal de publicité pour les cessions des fonds de commerce.

Pour terminer avec cette revue des législations étrangères nous mentionnerons le droit anglo-américain, qui à côté du *pledge*, gage proprement dit exigeant la mise en possession, admet une espèce de nantissement sans tradition appelé *mort-gage*. Ordinairement, l'engagement a lieu sous la forme d'une vente de la chose mobilière affectée en garantie, par le débiteur à son créancier, avec obligation pour ce dernier de retransférer la propriété de la chose, après le paiement. C'est une vente à réméré sans dessaisissement du vendeur. C'est ce qu'on appelle un *bill of sale*.

Un acte de cette nature pouvant donner lieu à des fraudes résultant de ce que le débiteur n'est pas dessaisi on a cherché à les éviter en soumettant cette vente pignorative à certaines formalités. La vente pignorative doit être constatée par écrit et il doit être annexé une « *schedula* » comprenant un état des biens meubles (*personals chattels*) compris dans ledit acte. L'acte de vente doit être dûment certifié et enregistré dans les sept jours de sa passation.

Les biens meubles compris dans un *bill of sale* peuvent être saisis ou enlevés par le créancier gagiste, si le débiteur tombe en faillite ou s'il enlève frauduleusement ou permet qu'il soit enlevé de ses magasins tout ou partie des marchandises comprises dans la vente pignorative.

Mais l'enregistrement ne met pas le créancier à l'abri de l'application de la théorie de la propriété présumée quand le débiteur est déclaré en faillite, c'est-à-dire

que le bien dont la propriété a été transférée à t-i
tre de garantie à un créancier, est traité comme bien du
failli par cela même qu'il en est demeuré possesseur (1).

Observation.— Si l'on admet que le droit de presentation
des officiers ministériels peut faire l'objet d'un gage, pour
satisfaire alors à la condition de la mise en possession
nous croyons qu'il suffirait de remettre au créancier gagiste, les titres relatifs à l'office, ou bien lorsqu'une disposition de loi prescrira l'inscription sur un registre comme
mode de publicité du nantissement constitué sur un fonds
de commerce, ce texte de loi poura prescrire ce même
procédé pour l'engagement des offices.

*La part indivise d'un héritier dans une succession
peut-elle être donnée en gage, lorsque la succession est
purement mobilière?* — Un arrêt de la cour de Paris sep-
tième chambre du 25 février 1889 (2) réformant un jugement du tribunal civil de la Seine, décide que les parties
ont satisfait aux prescriptions des articles 2075 et 2076
C. civ. quand il est énoncé à l'acte qui donne en nantissement des droits successifs, que la succession est administrée par un sequestre nommé judiciairement lequel détient les valeurs qui en dépendent et que cet acte est
signifiée au séquestre et aux cohéritiers du débiteur.

Dans le même sens de la validité d'un tel gage il y a
un autre arrêt de la cour de Paris du 19 décembre 1891.
Il s'agissait de la succession d'un sieur Balensi placée par

1. Voir sur tous ces points la loi du 22 juillet 1878 et du 18 août
1882 dans *Annuaire de législation étrangère* (1878, p. 50 et s. 1882
p. 80 et s.). Lehr, *Eléments de droit civil anglais*, p. 386 et s.

2. Répertoire de Dalloz, v. *Nantissement.* Supplément n° 93.

décision de justice entre les mains d'un administrateur judiciaire. En 1885 trois des héritiers ont emprunté diverses sommes à MM. X,Y, Z. Dans les trois actes d'emprunt, es héritiers emprunteurs ont déclaré, conjointement et solidairement entre eux, transporter aux trois prêteurs, à titre de gage et jusqu'à concurence des sommes empruntées, tous leurs droits dans la succession de leur auteur. Postérieurement, à ces emprunts, les héritiers Balensi ont cédé purement et simplement ces mêmes droits à d'autres créanciers sans leur faire connaître le nantissement dont ces droits étaient affectés.

Lors de la liquidation de la succession la validité des contrats de nantissement fut contestée par les cessionnaires parce que les nantissements n'auraient été accompagnés ni de la remise du titre visé en l'art 2076, ni de la signification exigée en matière de nantissement de créances par l'article 2075. Le tribunal civil de la Seine par un jugement du 12 novembre 1890 a rejeté leurs prétentions, attendu dit le jugement que les héritiers Balensi ont remis à leurs créanciers gagistes l'intitulé d'inventaire qui formait le seul titre qu'ils eussent à leur disposition avant la liquidation des droits indivis par eux cédés en nantissement; qu'en outre les actes constitutifs du gage ont été signifiés à l'administrateur judiciaire qui a déclaré accepter la mission de tiers dépositaire des valeurs données en nantissement.

La Cour d'Appel de Paris confirmant le jugement a rendu l'arrêt suivant : Considérant que, du jour et par le fait seul du décès, les héritiers sont saisis de plein droit, des droits, biens et actions du défunt sous l'obligation d'acquitter toutes les charges de la succession ; considérant que tant que la liquidation n'a pas eu lieu, les héritiers ne possèdent qu'un droit réel, certain dans son existence, incertain dans sa consistance seulement et dont la réalisation reste plus ou moins éloignée ; considérant que le caractère et la nature du droit étant ainsi définis et nettement précisés il ne saurait être douteux qu'il est susceptible soit d'être cédé, soit d'être donné en nantissement, alors qu'il est constant, en fait, qu'il s'agit d'une succession exclusivement mobilière, à la condition toutefois que les formalités qui sont de l'essence du gage et la condition nécessaire de sa validité puissent être et aient été remplies.

Considérant que le gage constitué par les consorts Balensi résulte de trois actes notariés conformes aux prescriptions des articles 2074 et 2075 Code civil. Considérant que si l'article 2075 veut, de plus, que l'acte de nantissement soit signifié au débiteur de la créance donnée en gage, cette prescription, obligatoire quand l'objet mis en gage consiste en un droit personnel, devient par la force des choses, inapplicable à l'hypothèse où le nantissement porte sur un droit réel, et où il n'y a pas de débiteur ; qu'en tout cas, et alors même qu'il en serait autrement, les significations faites à l'administrateur judiciaire de la succession devraient être considérées comme satisfaisant, à cet égard, au vœu de la loi ; considérant qu'il est vrai que l'intitulé d'inventaire remis aux créanciers gagistes ne constitue pas le titre du gage ; que ce titre en effet n'existe pas, le droit des consorts Balensi dérivant uniquement de leur vocation héréditaire à la succession du défunt ;

que l'intitulé d'inventaire dressé contradictoirement, n'a
d'autre objet que d'établir au regard des tiers, par la
mutuelle reconnaissance qu'en font les parties, la qualité
héréditaire de chacun et son droit préexistant de recueillir une quote-part de la succession ; considérant dès lors
que la remise d'une expédition de l'intitulé d'inventaire ne
saurait suffire pour donner satisfaction aux prescriptions
de l'article 2076 Code civil ; mais qu'il y a lieu de rechercher si le gage a été mis non plus aux mains du créancier, mais entre celles d'un tiers convenu entre les parties
ainsi que l'autorise l'article précité : considérant que l'article 2076 ne prescrit aucunement, comme l'article 2075
que le dessaisissement doive à peine de nullité, être constaté par acte authentique ou sous seing privé régulièrement enregistré ; considérant qu'en matière de privilège,
tout étant de droit étroit, la constatation de la remise du
gage entre les mains d'un tiers convenu peut être suffisamment établie par les preuves ordinaires dans les termes du droit commun ; considérant que dans ces conditions
les actes de nantissement consentis ont été régulièrement
complétés par les significations qui ont été faites à l'administrateur judiciaire ; considérant que ces significations ont
eu pour résultat d'intervertir le titre de l'administrateur
judiciaire, qui détenteur jusque-là de l'actif héréditaire
pour le compte des héritiers seulement en devenait dès
lors comptable envers les créanciers gagistes.

Sur pourvoi, la Cour de cassation a cassé l'arrêt de la Cour
de Paris, par un arrêt du 19 février 1894 (1) ainsi conçu:
Attendu que l'article 2076 subordonne l'existence du privi-

1. Sirey 94, 1., 273.

lège de gagiste, à la possession du gage, soit par le créancier, soit par un tiers convenu entre les parties ; qu'il est de l'essence du contrat que cette mise en possession soit un fait apparent, de nature à avertir les tiers que le débiteur est dessaisi et que l'objet engagé ne fait plus partie de son patrimoine libre ; attendu que l'arrêt attaqué a considéré, comme satisfaisant aux dispositions de l'article 2076, le fait par Gauthier et consorts d'avoir notifié à Hébert-Desroquettes, pris en qualité de tiers convenu, les contrats qui les constituaient créanciers des héritiers Balensi et qui leur donnaient en nantissement les droits successoraux encore indivis entre lesdits héritiers ; que, suivant l'arrêt, ces notifications auraient interverti le titre en vertu duquel l'administrateur judiciaire de la succession détenait cette succession et qu'elles l'en auraient rendu comptable envers Gauthier et consorts ; mais attendu que les notifications susdites, ignorées des tiers, ne suffisaient pas pour rendre apparent le caractère nouveau que les parties entendaient attribuer désormais au mandat que l'administrateur tenait du jugement qui l'avait commis ; qu'elles ne pouvaient donc pas suppléer à la tradition effective d'un titre, c'est-à-dire d'un acte instrumentaire établissant l'existence du droit mis en gage. tradition qui en matière de meubles incorporels suffit, mais est nécessaire pour révéler aux tiers le dessaisissement du débiteur.

Nous voyons donc que contrairement au tribunal civil de la Seine et à la Cour de Paris, la Cour de Cassation a refusé de reconnaître comme suffisantes les formalités accomplies par les parties.

En ce qui concerne le jugement du tribunal civil de la Seine, à notre avis, il n'était pas bien motivé. En effet le tribunal parait considérer comme nécessaire l'accomplissement de la formalité de la signification prescrite par l'art. 2075, même lorsqu'il s'agit du nantissement d'un *droit réel mobilier* (comme le droit indivis dans une succession) et que cette formalité avait été remplie dans l'espèce par la signification du contrat de gage à l'administrateur judiciaire. Or la nécessité de la signification n'est admise par personne. En outre il avait été satisfait à l'exigence de l'article 2076 dit le jugement par la *remise de l'intitulé d'inventaire*. Mais la Cour de Paris, à juste raison a critiqué cette manière de voir ; l'intitulé d'inventaire ne constitue pas le droit dont la remise est exigée par l'article 2076 ; il ne fait que constater un droit préexistant.

La Cour de Paris, tout en adoptant la même solution que le tribunal civil de la Seine, invoque d'autres motifs. Puisqu'il s'agit de la mise en gage d'un droit réel, il suffit d'un acte écrit constatant la convention de gage et de la mise en possession de la chose engagée.

Or il résulte de l'article 2076 que la chose engagée peut être remise soit au créancier gagiste, soit à un tiers convenu entre les parties. C'est cette dernière situation qui se trouvait réalisée dans l'espèce. En effet les valeurs su cessorales étaient détenues par un séquestre judiciaire.

Le créancier gagiste a fait signifier le contrat de gage au séquestre ; (cette signification, soit dit en passant, est une formalité analogue au point de vue de la procédure, mais n'est pas identique, quant à ses effets, à celle de l'article 2075) à partir de ce moment le séquestre cessait de détenir pour le compte des héritiers seulement et devenait comptable envers le créancier gagiste ; en un mot il devenait le *tiers* convenu contre les parties dont par l'article 2073.

La Cour de cassation se borne purement et simplement à dire que ces formalités ne sont pas suffisantes pour satisfaire à la condition de la mise en possession.

M. Ch. Lyon. Caen (1) approuve la Cour de cassation.

D'après M. Lyon-Caen, la Cour de Paris aurait commis une erreur sur l'objet du gage, en prétendant que par la signification du contrat de gage, l'administrateur de la succession était devenu dépositaire des valeurs héréditaires pour le compte du créancier gagiste.

Ce qui est donné en gage, en cas de constitution en gage de droits successifs, dit M. Lyon-Caen, ce n'est pas chacune des choses héréditaires, mais bien les *droits de l'héritier qui portent sur l'ensemble de ces choses* tant que le partage ne les a pas transformés en droits sur des choses déterminées placées dans son lot. En conséquence la mise en possession des biens de la succession par l'entremise d'un tiers ne satisfait nullement à la condition de la mise en possession du créancier gagiste. Celle-ci doit s'appliquer aux choses constituées en gage ou tout au moins quand il s'agit de choses incorporelles, au titre qui établit l'existence de ces droits.

Malgré la grande et légitime autorité des doctrines émises par M. Lyon-Caen, nous hésitons, cette fois-ci, et

---

1. Dissertation sous l'arrêt Sirey, 94. I, 273.

après mûre réflexion, à nous rallier à cette manière de voir.

En effet, l'art. 2076 exige que le créancier gagiste soit mis en la possession *de la chose engagée*; or, dans notre hypothèse, sans doute le gage porte non pas sur chacune des choses héréditaires, mais sur *les droits de l'héritier*; mais ces droits sont des droits réels, des *droits de propriété*; or il est admis depuis les Romains, qu'un droit de propriété se confond avec la chose sur laquelle il porte; les droits de l'héritier comme le dit fort bien M. Lyon-Caen, portent sur l'ensemble de l'hérédité; il est propriétaire par indivis de cette hérédité, pour un tiers, un quart, etc., selon sa part héréditaire; or puisque l'hérédité est susceptible d'une possession portant sur chacune des choses héréditaires, pourquoi ne pourrait-on pas donner en gage ses droits héréditaires, en abandonnant la détention de l'actif héréditaire au créancier gagiste ou à un tiers convenu?

M. Lyon-Caen objecte que la signification n'est prescrite que lorsqu'il s'agit de la mise en gage d'un droit de créance; sans doute et si l'on emploie dans notre hypothèse la signification c'est seulement pour avertir l'administrateur judiciaire, détenteur des valeurs héréditaires, du contrat de gage intervenu, et le constituer ainsi dépositaire pour le compte du créancier gagiste.

Qu'on ne nous accuse pas d'inconséquence parce qu'en cas d'un nantissement constitué sur un fonds de commerce, nous avons décidé, que la remise du titre d'acquisition suffisait pour la mise en possession du créancier gagiste. En effet, il faut remarquer, que dans tous les cas, qu'il s'agisse de choses corporelles ou incorporelles, la loi exige la remise du gage, de la chose engagée. Si donc en cas d'un gage de créance, on admet généralement qu'il suffit de la remise du titre, c'est qu'il y a impossibilité à remettre le droit lui-même. Lorsqu'il s'agit d'un fonds de commerce, il y a aussi une nécessité de fait, l'impossibilité pour le commerçant de se dessaisir du fonds qu'il exploite, qui nous oblige à nous contenter de la remise du titre.

Mais dans l'hypothèse actuelle, puisque les valeurs héréditaires sont détenues par un tiers, pourquoi le nantissement n'aurait-il pas lieu par la remise du gage?

En partant du principe qu'il faut la remise d'un titre pour donner en gage des droits successifs, M. Lyon-Caen devait naturellement arriver à faire une distinction suivant qu'il s'agit de droits successifs se rattachant à une succession *ab intestat*, ou dérivant d'un testament.

Dans le premier cas il n'y a pas de titre proprement dit dont la remise puisse être faite à un créancier gagiste, car les droits successifs de l'héritier ont leur fondement dans la loi. Par conséquent, avant le partage, les droits indivis de l'héritier ne pourront pas être constitués en gage ; et après le partage ces droits indivis sont remplacés par des droits sur des biens déterminés placés dans le lot de l'héritier et dont la constitution en gage s'opérera selon la nature corporelle ou incorporelle de chaque bien. M. Lyon-Caen trouve que l'impossibilité pour l'héritier *ab intestat* de constituer en gage ses droits successifs est fâcheuse et propose comme remède législatif d'étendre le domaine de l'hypothèque, c'est-à-dire d'admettre ce qu'on appelle un gage sans déplacement.

M. Guillouard (1) conclut dans le même sens, préconisant le système adopté par la loi du canton de Zurich. Si le gage pouvait, dit-il, se constituer au regard des tiers par la seule inscription sur un registre public, les droits successifs pourraient être donnés en gage comme d'autres biens, au grand avantage du crédit.

Nous croyons aussi que pour certains biens mobiliers et spécialement pour la mise en gage des droits successifs l'inscription sur un registre public, serait le mode le plus efficace et le moins compliqué de publicité. Et à ce propos on peut dire qu'en ce qui concerne les droits successifs, le lieu où devrait se faire l'inscription de la mise en gage, est tout indiqué, c'est l'arrondissement où le défunt avait son domicile, car c'est au domicile du défunt que s'ouvre la succession.

Mais en attendant cette réforme à venir, nous ne pouvons pas dire d'une manière absolue avec M. Lyon-Caen que l'héritier *ab intestat* ne peut pas constituer en gage ses droits successifs, puisque nous avons admis précédemment avec la Cour de Paris, que lorsque la succession est administrée par un séquestre judiciaire, il suffisait pour opérer la mise en possession du créancier gagiste de signifier le contrat de gage au séquestre, qui deviendra ainsi dépositaire pour le compte du créancier gagiste.

Lorsqu'il s'agit de droits successifs dérivant *d'un testament* au profit d'un légataire universel ou à titre universel, il n'y a plus aucune difficulté. Il y a alors un vérita-

1. *Traité du nantissement*, n°ˢ 54 et 93.

ble titre, le testament, et la remise du testament opérera la mise en possession du créancier gagiste.

Observation. — Une succession mobilière peut comprendre des créances. Or, il résulte de l'article 1220 que les créances comme les dettes se divisent de plein droit entre les héritiers proportionnellement à leur part héréditaire. Il y a d'autre part le principe de la rétroactivité du partage posé par l'article 883 Code civil. Quelle que soit la part faite à chacun de ces deux articles dans les différents systèmes qui cherchent à les concilier, on est d'accord en général pour dire que la division légale établie par l'article 1220, subsiste au moins provisoirement jusqu'au partage. Par conséquent lorsqu'un héritier donne en gage ses *droits indivis* dans une succession, il faudrait dire, croyons-nous, que les créances restent en dehors de la mise en gage, et elles ne pourraient être données en gage que comme choses individuelles avec les formalités des articles 2075 et 2076, sauf au créancier gagiste à voir cette mise en gage ne produire aucun effet, lorsque par le partage la créance est exclusivement attribuée à un ou plusieurs cohéritiers de celui qui a constitué en gage sa part dans une créance héréditaire.

Constitution en gage de l'usufruit des choses mobilières. — Nous traitons du gage portant sur un usufruit en dernier lieu parce que nous croyons, en l'absence de toute disposition spéciale sur ce point, que les formalités à observer pour la constitution en gage de l'usufruit ne sont pas toujours les mêmes, mais qu'elles doivent varier avec la nature de l'objet sur lequel porte l'usufruit.

Ainsi, lorsqu'il s'agit de la constitution en gage d'un

usufruit portant sur une chose corporelle, il faudra un acte écrit et la remise de la chose au créancier gagiste ; en effet, on ne voit pas d'autre moyen pour opérer la remise du gage, c'est-à-dire de l'usufruit comme le veut l'article 2076 Code civil.

Par conséquent on arrive à ce résultat, que la constitution en gage de l'usufruit portant sur une chose corporelle se fait de la même manière que celle de la chose elle-même.

Nous en dirons autant et pour la même raison lorsqu'il s'agira de l'usufruit portant sur une chose incorporelle, créance, propriété littéraire ou artistique fonds de commerce, etc.

Ainsi, pour prendre un exemple lorsqu'il s'agira de la constitution en gage de l'usufruit portant sur une créance, il faudra outre l'acte écrit, la remise du titre de créance, au créancier gagiste et signification de la constitution de gage au débiteur de la créance engagée.

C'est le cas que prévoit et c'est la solution que donne l'article 496 d\ Code civil saxon. En effet il est ainsi conçu : *La constitution en gage de l'usufruit, portant sur des créances, se fait d'après les règles prescrites pour la constitution en gage des créances elles-mêmes.*

Nous croyons qu'il n'y a aucune raison de restreindre aux créances seulement cette assimilation, entre les formalités requises pour l'engagement de l'usufruit, et celles requises pour l'engagement de la chose elle-même, mais qu'il faut l'étendre à tous les autres cas, que l'usufruit porte sur une chose corporelle ou incorporelle.

Le nouveau Code civil allemand n'admet pas la mise en

gage d'un usufruit. En effet l'article 1274, alinéa 2 est ainsi conçu ; un droit qui ne peut pas être transféré, ne peut pas être l'objet d'un droit de gage. Or l'article 1059 dit expressément que l'usufruit est *incessible*.

Nous croyons que cette solution est trop subtile. Sans doute pour qu'un droit soit susceptible de gage, il faut qu'il puisse être cédé ; mais si l'usufruit ne peut pas être cédé, en tant que droit, il peut l'être en tant que jouissance, en tant qu'exercice de ce droit, l'usufruit restant toujours fixé, quant sa durée, sur la tête du titulaire primitif.

Or c'est la valeur économique de cette jouissance si j'ose m'exprimer ainsi, que le titulaire affecte en gage à son créancier, qui sans doute reste exposé à voir son droit s'évanouir si le droit de l'usufruitier prend fin. Mais quoique aléatoire, ce n'en est pas moins une valeur pécuniaire qui peut être aliénée.

Pour terminer avec les choses susceptibles de gage, nous mentionnerons les articles 454, 455 et 460 du Code civil autrichien, le seul Code à notre connaissance qui traite du gage portant sur un droit de gage ce que les Romains appelaient le *pignus pignoris*. L'article 454 est ainsi conçu : le titulaire d'un droit de gage peut l'engager à son tour à un tiers et ainsi se crée un *pignus pignoris* pourvu que le second créancier gagiste obtienne la remise de la chose ou fasse enregistrer son droit de gage.

Et l'article 455 dispose que, si le propriétaire de la chose est averti du second droit de gage, il ne pourra payer sa dette qu'avec le consentement de celui qui a le *pignus pignoris*, autrement la chose rester affectée du second droit de gage.

En droit français, nous croyons que le *pignus pignoris* n'est pas possible, car du moment que le créancier gagiste pour donner en gage son droit de gage, remettra la chose à son propre créancier il perdra lui-même son droit de gage, car il n'aura plus la possession de la chose comme le veut l'article 2076, à moins qu'on ne dise que le second créancier gagiste possédera la chose pour lui-même et pour le premier créancier.

Dans cette hypothèse encore, l'inscription sur un registre remplaçant la mise en possession, serait utile car elle permettrait dans certains cas au créancier gagiste à se servir de son privilège comme moyen de crédit, en l'offrant en garantie à son propre créancier.

Une dernière question nous reste à examiner. Peut-on constituer *plusieurs gages sur le même objet ?* M. Laurent répond par la négative (1). L'adage : *Nantissement sur nantissement ne vaut*, dit cet auteur, signifie que le débiteur ne peut, après avoir donné une chose en gage à un premier créancier, engager la même chose au profit d'un second ou subséquent créancier tant que le premier est en possession. Puisque le créancier doit être mis en possession de l'objet du gage, pour pouvoir opposer son privilège aux tiers, le second créancier ne peut acquérir de privilège, l'objet qui est déjà aux mains du premier créancier ne pouvant être mis en la possesion du second. Il y a sous ce rapport une différence entre le gage et l'hypothèque et une cause d'infériorité pour le gage. Le

1. Droit civil, t. 28, n° 487.

débiteur peut hypothéquer l'immeuble au profit d'un **nombre** indéfini de créanciers, tant qu'il reste une portion libre de la valeur de l'immeuble et cela parce que la possession de l'immeuble reste au débiteur. Si la loi avait entendu que le débiteur pût successivement engager la même chose à plusieurs créanciers, elle aurait dû organiser les conditions de leur concours (comme entre créanciers hypothécaires le rang se détermine par l'inscription) et elle aurait dû modifier la condition principale du nantissement, c'est-à-dire la possession du gage. Le créancier gagiste n'a de privilège que sous la condition qu'il soit mis en possession de la chose ; cette possession exclut celle du débiteur, et partant celui-ci ne peut plus conférer à un nouveau créancier une possession qui appartient au créancier gagiste ».

Cette doctrine nous paraît trop absolue. En effet l'article 2076 ne parle pas de la possession en tant qu'exercice d'un droit mais de la possession prise comme *synonyme de simple détention* ou garde de la chose. Or, du moment que la chose n'est plus entre les mains du débiteur, le gage est valable, peu importe que la chose soit détenue par le créancier gagiste ou par un tiers, c'est ce que dit l'article 2076 lui-même.

Aussi les auteurs admettent-ils en général qu'il y a au moins deux cas, dans lequel un second gage, par exemple, pourra être constitué sur le même meuble. D'abord si le premier créancier gagiste consent à détenir la chose engagée dans un intérêt commun, pour lui et pour le second créancier auquel le débiteur veut conférer une garantie ; le second créancier possédera alors la chose par un tiers convenu comme le permet l'article 2076, le premier créancier remplissant vis-à-vis de lui le rôle de tiers dépositaire.

Dans ce sens il y a un arrêt de la Cour de Bruxelles du 12 juin 1850 (1). Le second des créanciers, dit l'arrêt, est suffisamment saisi du gage par une convention avec le débiteur, par laquelle il est dit que le premier créancier déjà saisi détiendra en son nom le gage, et si cette convention est notifiée à ce créancier qui y consent soit expressément, soit tacitement.

De même le second gage sera valable, si la chose donnée en gage étant remise aux mains d'un tiers convenu, celui-ci est désigné pour la détenir à la fois dans l'intérêt du premier et du second créancier. Chacun des créanciers est alors en possession du gage comme le veut l'article 2076 sinon par lui-même, au moins par l'intermédiaire du tiers désigné.

Dans les deux hypothèses, les auteurs posent une condition qui restreint la possibilité de plusieurs nantissements sur la même chose. En effet, on exige que le tiers convenu qui sera ou le premier créancier gagiste, ou une autre personne complètement désintéressée, *consente* à détenir pour le compte de tous ceux à qui la chose a été donnée en gage. Donc le débiteur ne pourra utiliser toute la valeur de la chose, pour se procurer le crédit dont il a besoin, que si le tiers veut bien le lui permettre.

Cette restriction, à notre avis, est regrettable ; aussi approuvons-nous complètement la disposition de l'article 217 du Code fédéral des obligations ainsi conçu : *La même*

1. *Pasicrisie belge* 1851, 2, 163.

*chose ou la même créance peut être donnée en gage à
un second créancier à condition que le premier créancier nanti en reçoive avis et soit invité à remettre le
gage, après le paiement de sa propre créance, à ce second créancier et non au débiteur.*

Le Code civil de Zurich avait dans l'article 861 une
disposition identique. Et M. Bluntschli, rédacteur du Code
civil de Zurich, accompagne cet article de la note suivante que nous transcrivons parce que nous l'adoptons
complètement. Sans doute, dit-il, le premier créancier ne
peut pas être forcé contre sa volonté à posséder comme
représentant et pour le compte du second créancier. Mais
le débiteur doit avoir aussi le droit d'employer la plus-
value de sa chose, à d'autres engagements, et s'il en
avertit le premier créancier, il résulte de cet avertissement, une obligation pour le créancier de remettre la
chose engagée au second créancier gagiste et non au débiteur. Ainsi on atteint le but cherché, car le premier
créancier, quoique ne possédant que pour lui, à titre de
gage, garde aussi d'une manière indirecte la possession
dans l'intérêt du second, auquel il la transmet lorsque son
propre droit de gage a pris fin.

La jurisprudence française ne paraît pas fixée sur la
question de savoir s'il peut y avoir plusieurs nantissements. Ainsi d'une part dans un jugement du tribunal de
la Seine du 22 août 1844, confirmé par la Cour d'appel de
Paris, première chambre (1), il est dit qu'admettre une
série de nantissements successifs du même objet, ce serait
créer contrairement au texte et à l'esprit à la loi, une

1. Sirey, 1850, II, 566.

espèce d'ordre et de rang de privilège et préférence sur des choses mobilières.

Dans le même sens un autre jugement du 7 juin 1849 (1) du même tribunal confirmé aussi par la Cour d'appel de Paris, première chambre sous la présidence de M. Troplong disant qu'aux termes des articles 2071, 2073, 2076 du Code civil, pour qu'au regard et au préjudice des tiers, le contrat de nantissement puisse valoir il faut qu'il y ait tradition réelle du gage ; que ce principe d'ordre public a principalement pour objet et doit avoir pour conséquence d'empêcher qu'à l'aide de droits successivement conférés sur une seule et même chose, on ne parvienne, contrairement au texte et à l'esprit de la loi, à établir un ordre de privilèges et préférences sur des biens purement mobiliers.

Contrairement à ces décisions, un arrêt de la Cour royale d'Aix du 21 février 1840, réformant un jugement du tribunal de commerce de Marseille, a admis la possibilité de nantissements successifs. Il s'agissait d'un sieur Farrenc, négociant à Marseille, qui ayant été déclaré en faillite, deux de ses créanciers, réclamèrent, chacun à l'exclusion de l'autre, le privilège résultant du nantissement constitué sur des sucres enfermés dans les magasins du failli, l'un et l'autre se trouvant en possession d'une double clef de ces magasins.

Attendu, dit l'arrêt, que la seule raison de douter du droit de Lafond (le second créancier qui prétendait un droit de gage), repose sur cette objection que la possession des marchandises, objet du gage n'a pu coexister

1. Sirey, 1850, II, p. 568.

avec celle de Lançon précédemment reconnue ; et, à cet égard, attendu qu'il faut d'abord reconnaître, en droit, qu'il ne s'agit pas ici de la possession, *signe extérieur de la propriété*, laquelle, en effet, ne peut pas plus appartenir à deux personnes à la fois que la propriété elle-même, dont elle est la manifestation, mais bien d'une possession de toute autre nature et consistant dans une *simple détention* ou garde des marchandises engagées ; que si l'on scrute la pensée de la loi, qui exige que le gage soit confirmé par la possession, on reconnaît qu'elle a dû principalement avoir en vue de retirer le gage des mains du débiteur, comme avertissement donné au public, que les objets composant le gage particulier ont cessé de former le gage commun à tous les créanciers ; etc. (1). Dans le même sens, un jugement récent du tribunal de la Seine (en contradiction avec sa jurisprudence antérieure) du 1er août 1889 (2).

Le privilège du créancier gagiste, étant fondé sur l'idée de nantissement, il résulte de l'article 2076 qu'il ne suffit pas que le créancier gagiste ait été mis en possession de l'objet du gage, il faut en outre que cet objet *soit resté en sa possession* car le privilège ne peut pas survivre au nantissement qui en est la cause.

La Cour de cassation ne semble pas fixer dans quel sens il faut appliquer l'article 2076. Ainsi, dans un arrêt du 18 avril 1883 (3) elle déclare que le créancier perd son privilège en même temps que la possession de la

1. Dalloz, 1840, 2, 128.

2. *Pandectes françaises*, 90, 2, 31.

3. Dalloz, 85, 1, 31.

chose donnée en gage, s'il se dessaisit de celle-ci entre les mains du débiteur, alors *même que ce dessaisissement aurait lieu sous condition de la vendre et de lui en verser le prix.*

Et d'un autre côté dans un arrêt du 25 novembre 1891 (1) elle considère que la question de savoir si la remise, même momentanée et provisoire, au débiteur, des documents et clés du magasin où se trouvent les marchandises ne devait pas être interprétée dans le sens d'une renonciation au bénéfice du gage, comme une *question de fait* qui rentrait dans l'appréciation souveraine de la Cour d'appel. Et tout récemment dans un arrêt du 9 avril 1893 (2) la Cour de cassation critique un arrêt de la Cour de Douai en disant que cet *arrêt déclare à tort que le débiteur ne peut jamais être chargé de la conservation ou de la réalisation du gage pour le compte du créancier gagiste.*

La Cour de Douai, avait très bien motivé son arrêt, à notre avis, en disant qu'à l'égard des tiers, le gage n'est opposable qu'autant que le débiteur en est matériellement dessaisi et que le créancier soit mis et resté en possession de la chose engagée; que toute restitution même conditionnelle, faisant rentrer cette chose dans les mains du débiteur, en la plaçant ostensiblement dans son patrimoine, opère dépossession légale du créancier, et rend celui-ci non recevable à se prévaloir de son privilège.

Mais on admet en général que si le créancier perd son

1. Dalloz, 92, 1, 505.
2. Dalloz, 94, 1, 409·

privilège par l'abandon de la possession, il faut au moins que cet abandon ait été volontaire de sa part. Ainsi en cas de perte ou de vol de la chose engagée, il ne perdrai pas son privilège (1). C'était d'ailleurs la solution de l'ancien droit comme le prouve un passage de Pothier dans son traité de l'hypothèque (2).

En général on invoque pour justifier actuellement cette solution un argument d'analogie tiré de ce que le propriétaire peut revendiquer sa chose, en cas de perte ou de vol (3). On invoque en outre un argument *a fortiori* tiré de l'article 2102 alinéa 4 qui accorde au bailleur le droit de saisir à titre de *vindicatio pignoris*, les objets qui ont été déplacés sans son consentement. Or, dit-on, si le bailleur, dont le privilège n'est fondé que sur une *constitution tacite de gage* peut revendiquer son gage, à plus forte raison le créancier gagiste, dont le privilège a son principe et sa cause dans la *constitution expresse de gage*, doit pouvoir le faire.

Conclusion. — Nous sommes ainsi arrivé à la fin de notre étude. Nous avons vu les diverses formalités prescrites par la loi dans l'intérêt des tiers pour la mise en gage des choses incorporelles. Nous avons pu constater au cours de cette étude en analysant ces différentes conditions de constitution du gage et en faisant leur application aux différents meubles incorporels, que dans certains cas

1. Voir notamment M. Valette : *Des privilèges et hypothèques,* n° 49.

2. Chapitre IV du nantissement n₀ 215 et n° 218 *in fine.*

3. Voyez dans ce sens MM. Valette *loc. cit.* Pont. Petits contrats t. II n° 1137 et Guillouard Nantissement n° 109.

l'application cumulative de toutes ces prescriptions n'était pas absolument nécessaire au point de vue d'une bonne publicité, et que dans d'autres hypothèses, l'accomplisse_ment de ces prescriptions était difficile ou même impossible et sans arriver au résultat d'une publicité efficace. Disons en quelques mots, quelles seraient, à notre avis, les réformes à accomplir.

En ce qui concerne d'abord l'exigence d'un *acte public* ou *sous seing privé enregistré*, on peut dire avec M. Thaller (1) qu'elle pourrait être supprimée sans inconvénient. C'est ce qu'a fait le Code fédéral des obligations qui n'exige la rédaction d'un acte écrit que lorsqu'il s'agit de l'engagement d'une créance, exception qui à notre avis ne se justifie pas.

De même le nouveau Code civil allemand a supprimé la formalité de l'acte écrit dans l'article 1205, pour la mise en gage des choses corporelles et dans l'article 1274 pour celle des choses incorporelles, sans reproduire l'exception du Code fédéral des obligations.

D'ailleurs la législation française est aussi entrée dans cette voie en ce qui concerne le gage commercial par la loi de 1863. Or, comme le remarque fort bien M. Thaller, si l'acte écrit a pour effet de préserver les tiers des fraudes et des antidates, c'est surtout en matière commerciale qu'elles sont à craindre.

En ce qui concerne *la signification* qui est spéciale à l'engagement des créances, nous croyons, qu'elle doit être maintenue aussi bien au civil qu'au commercial pour

1. Faillites en droit comparé t. 2, n° 135.

Cerban   18

les *créances à personne dénommée* dont parle l'article 1690 Code civil (1). Pour les *titres à ordre*, en tant que formant l'objet d'un gage civil, elle pourra être remplacée par un endossement à titre de garantie, et pour *les titres nominatifs*, dans la même hypothèse, par un transfert à titre de garantie sur les registres de la compagnie.

Enfin quant aux *titres au porteur*, la formalité pourra être supprimée, les titres au porteur étant assimilés aux choses corporelles.

Pour le *gage commercial de ces titres*, on appliquera purement et simplement les dispositions de la loi de 1863.

Enfin quant à la dernière formalité, celle de *la mise en possession*, elle ne devra être exigée pour *les créances à personne dénommée*, que si la créance est constatée *par un titre* comme complément de la publicité résultant de la signification, qui sera seule nécessaire et suffisante pour l'engagement de cette espèce de créances non constatées par titre. Nous n'avons ainsi fait que paraphraser la disposition de l'article 215 du Code fédéral des obligations. Pour les *titres au porteur*, la *remise du titre* sera la seule formalité de publicité. Enfin la remise sera aussi nécessaire pour l'engagement *des titres à ordre* et pourrait être utile *pour les titres nominatifs*.

Quant *aux droits réels mobiliers*, brevets d'invention, propriété littéraire et artistique, fonds de commerce, etc.,

---

1. En ce qui concerne spécialement l'engagement d'un droit au bail nous croyons que la signification serait utilement remplacée par une inscription.

nous croyons, comme nous l'avons déjà dit, qu'il faut pour donner vraiment de la publicité à la mise en gage de ces droits, remplacer la mise en possession inefficace ou impossible par une inscription sur un registre, ce qui sera toujours possible et efficace comme nous avons essayé de le montrer en étudiant spécialement la mise en gage de ces différents droits.

Vu par le président de la thèse,
LYON-CAEN.

Vu par le Doyen,
GARSONNET.

Vu et permis d'imprimer :
Le Vice-Recteur de l'Académie de Paris,
GRÉARD.

TABLE DES MATIÈRES

Ces conditions varient suivant que le gage porte sur des choses corporelles ou incorporelles, suivant qu'on est en matière civile ou commerciale.

A. — *Droits de créance*

B. — *Droits réels mobiliers.*

H. JOUVE, imprimerie des Ecoles, 15, rue Racine, Paris.